U0464413

物理
教学理论及发展研究

胡芳林 著

WULI

JIAOXUE LILUN JI FAZHAN YANJIU

中国水利水电出版社

www.waterpub.com.cn

内　容　提　要

本书主要内容包括绪论,物理学习的心理基础,物理教学过程、原则与方法,物理概念和物理规律教学,中学物理实验教学,中学物理教学设计,中学物理教学测量与评价等。本书可作为物理教学相关课程的辅助教材和教学参考书,也可供具有物理教学知识的读者作为参考资料使用。

图书在版编目（ＣＩＰ）数据

物理教学理论及发展研究 / 胡芳林著. -- 北京 ：
中国水利水电出版社，2014.6（2022.9重印）
ISBN 978-7-5170-2190-2

Ⅰ．①物… Ⅱ．①胡… Ⅲ．①中学物理课－教学研究
Ⅳ．①G633.72

中国版本图书馆CIP数据核字(2014)第136911号

策划编辑:杨庆川　责任编辑:杨元泓　封面设计:马静静

书　　名	物理教学理论及发展研究
作　　者	胡芳林　著
出版发行	中国水利水电出版社
	（北京市海淀区玉渊潭南路 1 号 D 座 100038）
	网址：www.waterpub.com.cn
	E-mail:mchannel@263.net（万水）
	sales@mwr.gov.cn
	电话：(010)68545888（营销中心）、82562819（万水）
经　　售	北京科水图书销售有限公司
	电话：(010)63202643、68545874
	全国各地新华书店和相关出版物销售网点
排　　版	北京鑫海胜蓝数码科技有限公司
印　　刷	天津光之彩印刷有限公司
规　　格	170mm×240mm　16 开本　11.75 印张　211 千字
版　　次	2014年8月第1版　2022年9月第2次印刷
印　　数	3001-4001册
定　　价	36.00 元

凡购买我社图书,如有缺页、倒页、脱页的,本社发行部负责调换

版权所有·侵权必究

前　言

传统物理教育以传授物理知识为主，把大量的知识灌输给学生。然而现代物理教育观则认为，物理教育除了知识的传授和技能的训练外，还应重视对学生的探索兴趣、良好的思维习惯与创新意识等方面的培养，从强调单纯积累知识向探求知识转变。

本书在撰写方面力求突出以下特点：

（1）讲解理论重点、层次分明、通俗易懂；

（2）言简意赅、融会贯通；

（3）紧贴新课程标准；

（4）联系中学物理教学实际。

本书的内容共分七章，主要内容包括绪论，物理学习的心理基础，物理教学过程、原则与方法，物理概念和物理规律教学，中学物理实验教学，中学物理教学设计，中学物理教学测量与评价。

本书在撰写时参阅了诸多学者的成果，由于时间紧迫，有一些短时间内无法查阅其出处，所以未能在参考文献中注明，在此一并向各位学者表示衷心感谢。同时本书在撰写过程中得到了许多同行专家的支持和帮助，在此表示诚挚的谢意。

鉴于作者经验、水平有限，加之时间仓促，书中难免存在疏漏或不妥之处，恳请读者不吝赐教，以便使本书在内容和形式上更趋完美。

作　者
2014 年 4 月

目　　录

第一章 绪 论

物理学的发展不仅对人类物质文明的进步和人类对自然界认识的深化起到了重要的推动作用,而且对人类思维的发展也产生了深刻的影响,对人类未来的进步和发展也将起着关键作用。在普通中学阶段设置物理课程的目的,就在于使学生在探索认识物理世界的同时,掌握物理学的基本知识和技能,体验、领悟科学研究方法,认识物理学对推动科学与技术进步和社会发展所产生的影响,逐步树立科学的价值观。达到这一目的的基本途径是物理教学。

本章对"物理教学论"的学科性质、研究对象和内容以及物理教学论课程的任务和学习方法作简要探讨,并且对物理教学论学科的形成和发展的过程进行简要的回顾。

第一节 我国物理教育的起源与发展

一、物理教育的萌芽

物理现象是自然界最为普遍的现象之一,它时刻伴随并影响着人类的生活和生产活动。为了从自然界获得自身赖以生存的物质,以满足生活需要,人类必须不断地了解、探索、改造自然界,并且在这一过程中发挥自身的聪明才智,进行各种发明和创造。在漫长的岁月中,人类在积累生活经验的同时,也积累着物理知识。

在人类生活的早期阶段,生产力水平极为低下,人们大多数时候只能依靠自身的体力直接获取所需要的物质,人类也只能积累非常有限的生活经验。这个阶段,各个门类的知识还不可能从经验中分离出来,也不可能产生并分化出专门的教育。因此,此时既不可能产生真正意义上的物理学,也不会形成物理教育。但是,人们在集体生产和生活过程中,结合生产劳动和实际生活经验,以口耳相传、示范模仿等形式向他人和下一代传授直接经验的同时,也传授了其中的物理知识。从这个意义上讲,这实质上是物理教育的萌芽。

二、我国古代的物理教育

我国物理教育的发展与生产力发展水平密切相关,同时也受到当时社会政治、文化等方面的深刻影响,留下了时代的烙印。

我国古代的物理知识伴随着人的生产和生活的实践活动而产生,主要表现为人们在生产生活实践活动中,通过技术的运用,对物理现象进行观察和作出定性描述。他们不仅发展了我国古代的手工业和文化艺术,而且在一个相当长的历史时期内使中国的科学技术处于世界领先地位,还在生产和生活实践中积累了大量的感性物理知识。除此之外,人们用实验手段自觉地探索物理规律,形成了各种观点和学说,并以文字的形式在一些哲学和科学著作中进行记录和描写。

严格来说,中国古代并没有形成科学的、真正意义上的物理学,更谈不上独立的学科体系。人们仅仅是结合生产和生活经验对物理现象进行经验性的感性认识,并停留在对物理现象的定性描述阶段。尽管如此,我国古代人民毕竟在他们所处的时代,结合具体的生活实践和生产技术观察描述了涉及力学、声学、热学、光学和电磁学等物理知识,并且这些认识在当时都处于世界科技发展的领先地位,促进了人类文明的进步和发展,也为物理学科的发展作出了贡献。

综上所述,我国古代人民在生活和生产活动实践中创造灿烂古代文化的同时,积累了丰富的物理知识,主要表现为人们在生产和生活实践过程中对物理现象的观察和定性描述。虽然我国古代有相当数量的关于物理的描述和总结,但总体来说,理论探讨肤浅,未能使物理学形成一门学科,并且论述不系统,有关物理的讨论零散地分布在一些哲学和科教著作之中。

我国古代学校教育虽然有一定的发展,但是由于受私学及科举制度的束缚,古代教育重古文经史,轻自然科学,加之物理学当时还未能形成独立的学科体系,所以真正意义上的学校物理教育还没有形成。尽管如此,这一时期的物理教育也有其独特的方式和途径。

首先,我国古代的物理教育是结合手工业技术教育进行的。即在传授具体生产知识和技术的同时,也传授着其中的物理知识。这种在传授具体生产知识和技术的过程中进行的物理教育是不自觉的。

其次,著书立说、制作实物是传播物理知识和进行物理教育的有效途径。我国古代许多著作里都蕴涵着丰富的物理知识。《墨经》《考工记》、《梦溪笔谈》《草象革书》等就是蕴涵物理知识的代表文献。此外,我国古代发明并且制造了大量的科学仪器和实用的生产、生活工具,如浑天仪、地动仪、指南匙、乐器等,它们都是根据一定的物理原理制成的。

再次,兴办私学、聚徒讲学是传授物理知识和进行物理教育的重要手段。我国自春秋战国私学兴起以来,学有专长的士人举办私学、招收弟子,以他们各自不同的知识或观点对弟子进行教育。在他们的讲学中,常常也包含物理知识。

上述三种途径,都是当时历史条件下的产物。它们都是将物理教育寓于其他具体生产知识和技术的传授过程之中,并且时断时续,缺乏连贯性和系统性,往往是不自觉地进行着的。从严格意义上讲,这些只能看成物理教育的孕育过程。

三、学校物理教育的发展

我国在漫长的封建社会时期,学校教育一直重古文经史,轻自然科学。第一次鸦片战争失败后,知识分子中的开明人物和有识之士开始主张学习制造"西洋奇器",积极提倡学习新的科学知识,同时在教育方面也进行了一些改革。新式学校的创建和"西学东渐",在把人们的视野引向世界的同时,也使物理学开始受到人们的重视,学校物理教育也随之诞生并不断发展。

(一)学校物理教育的诞生

第一次鸦片战争后,一部分"洋务派"对中国传统教育提出了质疑与非难,纷纷要求改革旧的教育模式,提出兴办新教育的学校,并开办了京师同文馆,上海广方言馆、广东同文馆、湖本自强馆等第一批新式学校。1866年,中国又开办了马尾造船厂附设的福建船政学院,随后又开办了上海机器学堂、天津电报学堂、天津水师学堂、天津武备学堂等新式学校。

自新式学校建立后,近代物理学开始逐渐地渗入中国的学校教育,从而揭开了中国近代学校物理教育的序幕。1866 年,京师同文馆中专设算学馆,此后,算学、天文、格致、医学、生理等科目被列入同文馆的教授科目,其中物理学在当时是被作为必须学习的基础理论而列入的。1897 年,西方人欧礼裴首次正式讲授格致,这既是中国有史以来第一次在学校教育中进行近代物理教学,也是中国近代物理教育的起点。

(二)中国学校物理教育的发展

按照我国社会历史发展进程划分,中国近代学校物理教育可分为旧中国物理教育和新中国物理教育两大不同时期,其中每一时期又包含不同的发展阶段。

1.旧中国物理教育

旧中国的学校物理教育一般分为 3 个阶段。

第一阶段(1903~1911):自 1903 年颁布"癸卯学制",把物理学以法定的形式列入学校教育科目开始,到 1911 年辛亥革命爆发,是旧中国学校物理教育发展的第一阶段。在这一阶段,国家对各级各类学校的物理教育内容和教学时间都作了明确的规定。

这一时期,中学阶段的物理学是作为基础理论开设的,这是为了给学生以后从事各项事业或升入高一级学校学习打下基础,而大学阶段物理教育之目的是为了造就物理学人才,以供任用。

另外,物理教材建设也做了不少有益的工作。1904 年图书局成立,专门管理教科书的审定,同时也译编出版了多本中等物理教育方面的书籍。大学物理教材在这一时期渐趋成熟,并出现了第一部称为"物理学"且具有现代物理学内容和达到大学水平的物理教科书。

第二阶段(1911~1927):辛亥革命爆发至南京国民政府成立可看做是旧中国学校物理教育发展的第二阶段。蔡元培主持改革了清末的"癸卯学制",提出并颁布"壬子癸丑学制"。新学制调整了中小学的学习年限,增加了中小学规定学习的科目门类,明确了中学阶段把物理学作为一门独立的学科开设。此外,此阶段打破了中等学校物理教科书以翻译为主的局面,出现了由中国人自己编写、教育部审定后发行的私人编写的教科书。

1923 年以后,全国教育联合会公布了《新学制课程标准纲要》。这个纲要被认为是我国第一部中学物理教学大纲,它明确指出了物理教学目标、教学时间分配、教材大纲、实施方法概要、物理实验及注意点等内容。由此可见,这一阶段是我国近代学校物理教育不断完善的时期。

第三阶段(1927~1949):1927 年,从南京国民政府成立到 1949 年新中国诞生可看做是旧中国学校物理教育发展的第三阶段。此阶段正式提出"三民主义教育宗旨",同时对中等教育进行了改革,取消了普通高中的文理分科。此外,这时期不少爱国的物理学家投身于学校物理教育工作,为我国近代学校物理教育的发展做出了重要贡献。

2.新中国物理教育

新中国成立后,学校物理教育也进入了兴旺发达的大发展时期。纵观新中国成立以来学校物理教育的发展,可分为具有明显特色的 4 个阶段。

第一阶段(1949～1966):中华人民共和国成立至文化大革命前的 17 年是新中国物理教育发展的第一阶段。这一时期尽管走过弯路,但形成了新中国自己的物理教育体系。因此,这一时期被认为是新中国物理教育的兴旺发达时期。

新中国成立后,党和国家对物理教育,尤其是中学物理教育十分重视。在社会主义建设和发展时期,党和国家根据社会发展状况和我国物理教育实践中出现的具体问题,及时对物理教学大纲、教学内容、教学方法等方面进行调整,使我国物理教育沿着健康的轨道向前发展,不断完善。

新中国成立至“文革”前的 17 年间,中学物理教材从无到有,并在实践中不断改进和完善。这些不仅为中学物理教材建设提供了宝贵的经验,而且为我国物理教育的发展奠定了良好的基础。

第二阶段(1966～1976):1966 年至 1976 年的“文化大革命”可看做是新中国物理教育发展的第二阶段。总体来说,“文化大革命”使我国的教育事业受到严重损害。1969 年 10 月,“复课闹革命”以后,由于通用教材的出版发行工作跟不上,各地只好成立中小学教材编写组,自定自编教材。这些地方教材缺乏考虑和科学的依据,以大批判开路,使得各地编写的物理教材所选内容随意性较大,物理基础知识内容削弱,教材水平低下。随后又出现了以“三机一泵”为主体形式的“工业基础知识”取代了中学物理课,从而使中学物理教育遭到极大的破坏,出现了大倒退。故这一时期是新中国物理教育的倒退时期。

第三阶段(1976～1989):1976 年至 1989 年可看做是新中国物理教育发展的第三阶段,这一阶段物理教育经历了拨乱反正、恢复和振兴发展。“文化大革命”结束后,教育界进行了拨乱反正。1977 年 8 月,教育部组织起草了《全日制中小学教学计划草案》,决定以十年制作为我国中小学的基本学制。此时,开始制订《全日制十年制学校物理教学大纲(试验草案)》,并于 1978 年 1 月颁布施行,1980 年又对该大纲作了一次修订。在制订大纲的同时,人教社组织编写和大纲配套的教材。这些举措对恢复中学物理教育的正常秩序起了十分积极的作用。

根据 1978 年物理教学大纲编写的教材,基本反映了大纲的要求和特点,但教材在使用中仍然暴露出与教学实际不适应的问题,大部分普通中学,尤其是高中,会感到教材要求偏高、程度偏深、分量偏重,出现难教难学的不良局面。为此,1983 年教育部颁布《高中物理教学纲要(草案)》,调整了教学内容,同时决定实行基本教学要求和较高要求两种教学要求。根据这个纲要,人民教育出版社组织编写教材,并于 1984 年出版。这也是我国中学物理教育改变"一刀切"局面的初步尝试。

综上所述,这一时期通过拨乱反正,我国中学的物理教育在不断调整中迅速恢复,教学体系不断完善,质量也不断提高。这些都为我国的物理教育改革和加速发展奠定了良好的基础。

第四阶段(1989～现在):进入20世纪90年代,我国国民经济的发展已进入快车道,经济体制和社会体制的改革不断深入。为了与社会转型期相适应,我国的物理教育进入了深化改革、加速发展时期,这是新中国物理教育发展的第四阶段。

1986年4月,全国人民代表大会通过《中华人民共和国义务教育法》,指出中学教育的任务是培养有理想、有道德、有文化、有纪律的社会主义公民,并为培养现代化建设需要的各级各类人才奠定基础。1987年颁布《全日制中学物理教学大纲》,明确指出物理课程对完成普通中学教育的任务具有重要作用。同时,这个大纲中删去了各章的课时分配,给授课教师以较大的课时安排自由度。1988年,原国家教委作出"一个大纲,多本教材"的决策,打破了多年来我国统编教材一统全国的封闭局面。

1990年原国家教委颁布《现行普通高中教学计划调整的意见》,规定物理课在高一和高二年级为必修课,高三年级为选修课。在围绕教学计划调整的过程中,对1987年的物理教学大纲进行了修订,修订后的大纲为《全日制中学物理教学大纲(修订本)》。与此同时,人教社组织编写并出版了《高级中学物理课本》必修和选修共三册教材分别供高一、高二和高三年级使用。

20世纪80年代中期,我国产生了"素质教育",从而引发了有关素质教育的讨论和实施素质教育的教学改革尝试。1992年,《九年义务教育全日制初级中学物理教学大纲(试用)》颁布,明确指出义务教育的任务是提高全民族的素质。1993年2月,中共中央、国务院公布了《中国教育改革和发展纲要》,提出中小学教育要"转向全面提高国民素质的轨道",基础教育是提高民族素质的奠基工程,必须大力加强。1996年,原国家教委基础教育司编制了《全日制普通高级中学物理教学大纲(供试验用)》。2000年,教育部公布了《全日制普通高级中学物理教学大纲(试验修订版)》,此大纲增加了"课题研究",加强了对学生实验操作的训练,增加了弹性,划出了学生自主活动的时间。2002年,教育部印发了《全日制普通高级中学物理教学大纲》,同时根据新大纲对高中物理教材进行了修订。这个大纲也是最后一个物理教学大纲,随着课程改革的发展,我国将以物理教学标准取代物理教学大纲。

1997年9月,原国家教委在烟台召开全国中小学素质教育经验交流会,标志着素质教育在全国进入全面实施阶段。1999 年,第三次全国教育工作会议召开,同年国务院批准了教育部《面向 21 世纪教育振兴行动计划》,新一轮基础教育课程改革开始启动。2001 年,国务院公布《关于基础教育改革与发展的决定》,召开全国基础教育工作会议,特别强调要深化教育教学改革,全面推进素质教育。同年,教育部公布了《基础教育课程纲要(试行)》,开始了新一轮基础教育课程改革实验。2001 年,教育部公布了《全日制义务教育物理课程标准(实验稿)》,2003 年,教育部印发了《普通高中物理课程标准(实验)》。在课改中,中学物理教材建设取得了长足发展,在课程标准的统一指导下,真正实现了中学物理教材的多样化,出版了多种不同风格、不同特色和适应不同对象的教材。

在新一轮课程改革中,物理教育改革将体现以下几方面的特征:

首先,物理教学指导方针将实现由教学大纲向课程标准的转变,更好地体现物理教学在知识与技能、过程与方法、情感态度与价值观等方面的要求。

其次,物理教材在课程标准的指导下将趋于多样化,以适应不同地区、不同学生的需要。

再次,按照课程改革理念编写的教材将会更加关注学生的学习实际、社会生活经验和科学技术的最新发展,更加注重培养学生的创新精神和实践能力,体现全面发展的素质教育理念。

随着基础教育课程改革的不断深入,学校物理教育将取得跨越式的发展。

第二节　物理教学理论的研究对象和学科性质

普通教学论是物理教学论的重要基础,为正确理解和把握物理教学论的研究对象,首先讨论并分析普通教学论的研究对象是十分必要的。

一、教学论的研究对象

在教学论不断向科学化迈进的过程中,教学论的研究对象始终是教学论研究者关注、探索的一个关键问题。在这方面不同学者持有不同的看法,主要分为两类:①教学论的研究对象是教学的一般规律;②教学论的研究对象是各种具体的教学变量和教学要素。

前苏联学者和我国学者多持第一种看法,其主要问题是以教学论的研究任务代替研究对象。虽然探索教学规律是教学论研究的主要目的和最基本任务,但并不能由此就将教学规律作为研究对象。

西方教学论研究者多持第二种观点,其最大问题是以简单枚举的方法罗列教学论的研究对象,研究对象虽然具体、清晰,在研究中容易操作,但却给人以只见树木不见森林的感觉,难以真正反映教学论研究的全貌。

根据我们对教学论学科性质的基本认识,我们认为,教育领域中教与学的活动是教学论的研究对象。进一步说,教学论要对教与学活动的以下三个方面进行具体研究。

第一,教学论要研究教与学的关系。教与学的活动是由多种教与学的因素构成的。我们认为,教学活动中本质的关系是教与学的关系,也就是教师与学生在双边活动中知识授受之间的关系。在教学活动中,教师和学生、教和学,两者相互促进,相互制约,共同构成了教学的矛盾运动过程。教与学的矛盾是贯穿教学过程始终的主要矛盾,其运动发展决定了教学的本质和规律。因此,在教学论研究过程中,抓住了教与学这一最本质的关系,就是抓住了教学研究的根本。

第二,教与学都离不开一定教学条件的支持与配合。教学条件主要是指教学活动所必需的以及对教学的质量、效率、广度和深度产生直接或间接影响的各种因素。从宏观角度来看,教学活动是在一定的社会空间中发生的,社会的政治、经济、科技、文化等都是教学的基本条件。教学论应当对影响教学活动的这些宏观社会条件进行一定的研究,但我们在教学论意义上所谈的教学条件,更主要的还是指那些贯穿在教学过程中的对教与学产生着更为直接、具体和有力影响的主客观因素。

第三,教学论要研究教与学的操作。教学论不仅要研究教学的一般原理和规律,研究教学应具备的基本条件,同时更要研究如何将一般的原理和规律运用于教学实践,研究如何更好地根据教学条件设计、组织教学,提高教学效率。也就是说,教学论要注重研究教与学的操作问题。理论与实践脱节,即理论不能转化为能够对实践产生直接指导意义的操作技术、方法、策略、规范和模式,这是当前我国教学论研究中一个突出的问题。这种状况的形成,与长期以来我们对教学论学科性质、研究对象认识的片面性有密切关系。因此,在继续加强教学基本原理研究的基础上,重视对教与学操作问题的研究,不仅有利于理论与实践的结合,而且也有利于教学论的学科建设。

以上三个方面密切联系。共同构成了教学论完整的研究对象。

二、物理教学论的研究对象

物理教学论的研究对象是物理教育的全过程,即在物理学科范围内研究人的全面发展,研究全面体现物理学科教育功能的规律。和普通教学论相比,物理教学论更加充分、具体地体现物理学科的特点,具有独有的特性、独立的研究范围和研究对象。

物理教学论的特殊性在于它的研究范畴是物理教学,研究对象是物理教学中的各种问题。虽然物理教学中的问题很多,但它不外乎普遍性的问题和个别、具体的问题两类。物理教学论着重研究物理教学中的普遍性问题,并且揭示物理教学过程中的一般性规律和特点。这并不是说物理教学论是高高在上的纯理论,而是强调它的研究成果在物理教学实践中要能发挥指导和预见作用,从而使人们对物理教学实践的研究和描述建立在坚实的理论基础上。

三、物理教学论的学科性质

目前,人们对物理教学论学科性质的认识不尽相同。

其一,认为物理教学论是阐明物理学科教与学的原理,揭示物理教学规律的学科。持这种观点的研究者的研究取向沿袭了前苏联教育家凯洛夫的教学理论框架,即教学理论的研究范畴是教学目的和任务、教学过程、规律与原则、教学内容、教学方法、教学组织形式、学业成绩的检查与评定等。其研究目的是试图从哲学认识论的角度对物理教学活动提出一个描述性和解释性的框架体系。这种研究由于抽象概括水平高,而导致物理教学论内容空洞、抽象,脱离实际。

其二,认为物理教学论是一般教学论和相关学科理论在物理学科教学中的应用。持这种观点的研究者的研究目的是用物理的实例,去印证教学理论和相关理论的正确性。这种研究偏重于教学理论和概念的移植,缺少结合物理教学实践的实证研究,会导致学科本身特色的不足。物理教学论的主要任务在于探索由物理学科教学的特殊性所决定的相应的特殊规律。

其三,认为物理教学论是由理论和应用两部分组成,是一门应用理论科学。它既要研究物理教学的一般规律,也要研究这些规律在物理教学实践中的应用。

综上所述,对物理教学论学科性质不同的认识,反映了人们对物理教学论研究的不同价值取向,也直接影响物理教学论体系的构建。物理教学论不仅描述和解释物理教学现象，还指出怎样的物理教学才是有效的，并对物理教学行为进行一定的规范设计，给物理教师提供一系列使教学有效的建议。因此，我们认为物理教学论是研究物理教学现象和问题、揭示物理教学规律、指导物理教学实践的一门理论兼应用的学科。

第三节　中学物理课程教学大纲的演变

从建国到 2000 年，中学物理教学大纲几经修改，主要过程大致可分为五个阶段，即过渡阶段、全面学习前苏联阶段、探索与徘徊阶段、拨乱反正阶段和全面发展阶段。

一、过渡阶段

建国初期，我国由于来不及制订新的中学物理教学大纲和编写新的物理教科书，当时一方面在东北老解放区，采用东北人民政府根据前苏联十年制中学自然科学课本编译的课本作为中学物理教科书。在其他地区，仍使用建国前的老课本。另一方面中央人民政府积极组织力量，"有计划、有步骤地改革旧的教育制度、教育内容和教学方法"。

精简教学内容，一方面是来自前苏联的影响。当时苏联十年制中学物理教学实行五年一贯制，其初高中物理课本内容重复较少；另一方面，我国初高中是分段的，当时物理教科书是参照欧、美、日教材编写的，初高中物理教材之间的关系是"同心圆放大"，内容陈旧庞杂，重复多，又严重脱离我国实际。《物理精简纲要（草案）》在本着"初、高中两级中学的制度暂不变更"原则的同时，还要本着"尽可能与中国生产建设实际结合"和"编辑最近物理学的基本新知识"。因此，精简后的初高中教材仍保持"两个圆周的循环重复"，教材内容实际上也是精而未简，各地认为学生学不完、教师教不完的呼声仍然很高，问题没有得到解决。

从 1950 年 10 月开始，教育部组织力量编订《中学物理课程标准（草案）》，该物理课程标准确立了我国中学物理教学内容由"同心圆放大"变为"螺旋式上升"。此外，物理教学内容还兼顾了初高中学生毕业后就业与升学这两个方面的要求。

1951 年 3 月，由陈同新、许南明编写的《初中物理学》上册出版，同年 8 月下册出版，并从 1951 年秋季开始供学校使用。1952 年 8 月，《高中物理学》第一册出版,这是人民教育出版社编写的第一套物理教科书,但未能编完高中物理学第二、三册,于是用建国前东北人民政府编译的苏联中学九、十年级的物理课本来替代。

二、全面学习前苏联阶段

1952 年 12 月,我国颁布了建国后第一个《中学物理教学大纲(草案)》,其内容分为三部分:第一部分是总说明,第二部分是初中和高中大纲的说明,第三部分是大纲本文。

该草案明确地提出了中学物理教学的主要任务,即:

首先,要按照学生的年龄特征,给他们以系统的物理学基础知识,使他们奠定辩证唯物主义世界观的基础;

其次,要培养学生把所获得的知识应用到实际问题中去的能力,使他们能理论联系实际;

再次,要培养学生爱国主义和国际主义思想;

最后,要培养学生观察问题、研究问题的科学态度和科学方法。

在总说明中,指出上述各项教学任务不是彼此孤立的,而是互相联系、目标一致的。同时着重指出"如果设备不足,教师也必须克服困难,自制简单仪器来进行演示和实验"。此外,"必须训练学生应用所获得的知识来解决物理问题和分析周围的现象",并对实验课前、后的工作作出了具体说明。

三、探索阶段

1958 年,在"大跃进"的形势下,国务院发布了《关于教育事业权限下放的规定》,提出"各地因地制宜、因校制宜的原则,对教学大纲和教科书可以进行修订和补充,也可自编教材"。在这个精神的鼓舞下,全国各地学制、课程设置和教材不统一,各行其是。对大纲的修订出现盲目冒进的倾向,设想将原来 12 年的中小学课程压缩在 9 年或 10 年完成,甚至要达到大学一、二年级的程度,增添了"高、精、尖"的教学内容,在结合实际等方面有明显的片面性。

1963 年,教育部颁布了《全日制中学物理教学大纲(草案)》。该大纲的总论部分明确分成了教学目的和要求、教学内容、教学内容的安排、演示和学生实验、教学中应该注意的问题等五个大部分。大纲除规定各章节内容、课时数、学生实验和演示实验外,还在各章最后以附注形式阐明对某些内容的具体要求和教法建议。此外,在高中每学年还安排了部分选做的学生实验,并给出课时。大纲还对课堂练习、平时复习、总复习、参观、机动时间的课时作了规定。

这个大纲在强调学科基础知识的同时,还注重物理知识在工农业生产中的应用,首次提出要培养学生的实验技能和物理计算能力。此外,还强调基本技能,形成了具有我国特色的"双基论"。后来由于"文化大革命"的冲击,这个教学大纲失去了作用,教学处在无序和倒退状态。

四、拨乱反正阶段

1978 年,教育部颁布了《全日制十年制学校中学物理教学大纲(试行草案)》,此后 1980 年初又对它作了一次修订。修订后的大纲与前几次大纲比较,具有以下特点:

其一,十分明显地提出了对物理基础知识的教学要求;

其二,特别强调对学生能力的培养;

其三,突出了要适应在我国实现四个现代化的需要;

其四,突出了如何正确处理思想教育与物理知识教学的关系和正确处理理论与实际的关系。

大纲对教学内容和课时数进行了适当压缩。但是,在中学教学实践中发现,这个大纲的要求偏高。为此,1983 年教育部颁布了《高中物理教学纲要(草案)》,分年级规定了基本要求内容和较高要求内容,体现了这份纲要的弹性,并在各章内容之后以"说明"的形式表达了本章教学中应注意的问题,包括教学要求和教学方法建议等。

为了加强基础教育,1985 年,国家教育委员会下达了《调整初中物理教学要求的意见》。这次调整意见是从实际出发,按照初中教育的特点、教学规律、教学计划规定的课时数、多数教师经努力能达到的水平和多数学生可接受的程度提出的,在教学内容、习题的深度、广度上,进一步明确教学要求,把若干繁难的计算题改为选做题,并规定不作为考试内容。

1986 年,国家颁布了《义务教育法》,同年,全国中小学教材审定委员会成立。在教育体制改革的新形势下,由国家教育委员会批准颁布了《全日制中学物理教学大纲》。这份大纲具有较高的权威性,它是九年制义务教育和新的高中教学计划、教学大纲全面实施前的一份过渡性教学指导性文件,是这一时期教育质量评估、编写与修订教材的依据。大纲的总论分四大部分,阐明了物理教学的目的、物理教学的要求、确定物理教学内容的原则和教学中应注意的几个问题。这份大纲体现了"教育要面向现代化、面向世界、面向未来"的思想,反映了改革开放、转变观念的时代精神,强调了教师的指导作用和学生主体地位的关系,并对教师提出应积极进行教学改革的要求。为便于各类不同学校使用,大纲在各章教学内容中第一次不给出课时数,要求在教学计划规定的总课时范围内,由各校根据实际情况自行安排进度。

五、实施素质教育阶段

为了解决普通高中存在的文理偏科、学生知识结构比例不尽合理、学生课业负担过重等问题,更进一步在为学生全面打好基础的前提下,注意发展他们的兴趣和特长,增强他们适应社会生活和生产的能力,国家教育委员会于 1990 年 3 月下达了《现行普通高中教学计划的调整意见》。它提出将普通高中的课程分为必修课和选修课两部分,规定物理学科的必修课在高一、高二年级开设,授课总时数为 204 课时。其中,高一年级每周 3 课时,高二年级每周 4 课时。在高三年级开设的物理不再开设物理必修课,而是每周 4～6 课时的选修课。同时,考虑到当时许多地方,特别是农村初中学生课业负担过重,教学内容仍然偏多,教学要求也偏高,因此对教学大纲中初中部分的教学内容作了必要的删减,降低了要求。

1990 年 6 月,由国家教育委员会颁发了《全日制中学物理教学大纲(修订本)》。教学大纲的高中部分修订后分为必修课和选修课两部分,修订后的初中教学要求和新制订的九年制义务教育初中物理教学大纲的要求相当,而且还明确指出高中必修课教学大纲是必修课教学、教学评估、会考和高考命题的依据,高中选修课教学大纲是选修课教学的依据和高考命题的依据。

综上所述,从中学物理教学大纲的演变过程可以看出:我国中学物理课程的改革是随着科学技术的进步、社会对公民素质的要求、人们教育观念的转变以及对教学规律认识的深入而不断发展变化的。

第四节 中学物理教学的目的

物理课程目标是通过物理课程的实施来实现的,物理课程目标也是物理教师从事物理教学所要达到教学目的。

一、中学物理教学目的

（一）初中物理课程目标

初中物理课程总目标是：

（1）保持对自然界的好奇，发展对科学的探索兴趣。

（2）学习基础知识，养成良好的思维习惯，在解决问题或作决定时能尝试运用科学原理和科学研究方法。

（3）经历基本的科学探究过程，具有初步的科学探究能力，乐于参与与科学技术有关的社会活动，在实践中有依靠自己的科学素养提高工作效率的意识。

（4）具有创新意识，能独立思考，养成尊重事实、大胆想象的科学态度和科学精神。

（5）关心科学发展前沿，具有可持续发展的意识，树立正确的科学观，有振兴中华、将科学服务于人类的使命感与责任感。

（二）高中物理课程目标

高中物理课程总目标是：

（1）保持好奇心与求知欲，发展科学探索兴趣，有坚持真理、勇于创新、实事求是的科学态度与科学精神。

（2）学习终身发展必备的物理基础知识和技能，了解这些知识与技能在生活、生产中的应用，关注科学技术的现状及发展趋势。

（3）了解科学与技术、经济和社会的互动作用，认识人与自然、社会的关系，有可持续发展意识和全球观念。

（4）学习科学探究方法，发展自主学习能力，养成良好的思维习惯，能运用物理知识和科学探究方法解决一些问题。

要实现物理课程总目标，就要落实到"知识与技能"、"过程与方法"、"情感态度与价值观"三个维度的具体目标上。

二、知识与技能教学目标

（一）初中物理知识与技能目标

初中物理知识与技能目标有以下几点：

(1)初步了解物理学及其相关技术产生的一些历史背景,能意识到科学发展历程的艰辛与曲折,知道物理学还包含科学研究方法、科学态度和科学精神。

(2)初步认识物质的形态及变化、物质的属性及结构等内容,了解物体的尺度、新材料的应用等内容,初步认识资源利用与环境保护的关系。

(3)初步认识能量、能量的转化与转移、机械能、内能、电磁能以及能量守恒等内容。

(4)具有初步的实验操作技能,会使用简单的实验仪器和测量工具,能测量一些基本的物理量。

(5)初步认识机械运动、声和光、电和磁等自然界常见的运动和相互作用,了解这些知识在生活、生产中的应用。

(6)会记录实验数据,知道简单的数据处理方法,会写简单的实验报告,会用科学术语、简单图表等描述实验结果。

(二)高中物理知识与技能目标

高中物理知识与技能目标有以下几点:

(1)简要了解物理学的发展历程,关注科学技术的主要成就和发展趋势以及物理学对经济、社会发展的影响。

(2)学习物理学的基础知识,了解物质结构、相互作用和运动的一些基本概念和规律,了解物理学的基本观点和思想。

(3)认识实验在物理学中的地位和作用,掌握物理实验的一些基本技能,会使用基本的实验仪器,能独立完成一些物理实验。

(4)关注物理学与其他学科之间的联系,知道一些与物理学相关的应用领域,能尝试运用有关的物理知识与技能解释一些自然现象和生活中的问题。

(三)关于物理知识与技能的教学

在教师引导下,学生要学习基本的物理学事实、概念、原理和规律;学会或掌握相应的基本观察、实验技能,并能用所学知识解释生活、生产中的有关现象和解决有关问题;了解物理学在现代生活和技术中的应用及其对社会发展的意义。

进行物理知识与技能的教学的途径有以下几点。

1.正确选择和组织物理学基础知识

在正确认识物理知识与技能目标及内容标准的基础上,要对中学物理教学基础知识进行正确的选择与组织。中学物理基础的知识与技能主要是那些对培养学生科学素养起关键作用的知识与技能。它们是否陈旧主要看它们在当今的科学技术中是否还有足够的活力。同样,用处大小一般要看它们是不是物理学的主干知识和进一步学习科学所必需的,是不是基本的观察实验技能,是不是作为一定科学素养的公民就业所需要的,是不是具有重要的科学方法、科学态度、科学情感、科学价值观等方面的教育功能。

2.分清主次、突出重点

在教学中应当分清主次,突出重点,抓住关键,兼顾一般。中学物理重点知识是构成物理学最重要、最基础的物理事实、物理概念和物理规律;一般知识大多是为了学习重点知识所必要的或者由重点知识发展或派生出来的。次要知识一般是一些扩大学生知识面或者有助于加深理解重点知识的辅助知识。应当根据课程内容标准和学生的实际,研究某个物理知识在理论体系中的地位、对于后续学习的作用、在实际问题中的应用价值、在科学情感态度与价值观等方面的教育功能等问题。

另外,要根据物理知识的难易度及学生的认知水平,如果有些内容学生一看就懂或一看就会,就可以完全让学生自学;如果有些内容经仔细研读可以看懂学会,那么教师也可以让学生独立学习;如果有些内容非常有难度,教师则要启发式的精讲。

3.重视观察与实验

观察是对客观事物与现象有意识有计划的持久的知觉活动,是人们认识客观事物的基础。中学生在物理学习中,主要的观察活动是对物理现象、物理实验过程、仪器和装置以及物理图表的观察。

在中学物理教学中,实验知识与技能主要是指学生能根据实验的目的要求制订实验的方案、步骤,设计记录表格,合理地选择仪器,正确地使用仪器和进行测量,分析整理实验结果得出必要的结论。

在实验知识与技能的教学中,要做好以下四点:

一是要从思想上重视和加强实验教学。实验是中学物理教学的基础,物理实验的知识与技能不仅仅是学习内容,也是科学探究重要的知识与技能。

二是要对整个中学阶段的实验知识与技能的教学有一个总体的安排,要循序渐进地让学生进行技能训练实验和测量性实验,有计划地引导学生在科学探究的活动中运用验证性实验和探索性实验。

三是要做好教师的演示实验。教师规范的演示实验有助于培养学生良好的实验规范、实验基本技能、实验的习惯。

四是要做好实验知识与技能的考查。

在培养学生观察技能的教学时,一要注意培养学生观察的兴趣和明确观察的重要性;二要注意让学生明确观察目的;三要让学生学会观察的方法;四要在学生观察活动中引导他们的科学探究思维活动。

4.进行科学探究活动

我国传统物理教学忽略物理方法和思想的知识、探索和创新的知识,盛行机械的和被动的接受性教学方法,不能利用探究性的学习方法使学生主动获取知识,培养他们的学习能力等的学习活动,由此造成学生自主学习物理知识的能力十分低下。因此,教师要运用科学探究的教学方法和教学策略,引导学生在科学探究中学习物理知识和技能。学生在科学探究活动中不仅能够较有效地学习物理知识和技能,还能有益于理解物理知识的本质,还能提高科学探究的能力。

三、过程与方法教学目标

(一)初中物理过程与方法目标

关于过程与方法的阐述,实质上是科学探究的基本过程与方法:观察、发现问题、提出问题、拟定探究计划和实验方案、搜集和处理信息、分析论证得出结论、评价交流。

初中物理过程与方法目标包括:

(1)有初步的观察能力。经历观察物理现象的过程,能简单描述所观察物理现象的主要特征。

(2)有初步的提出问题的能力。能在观察物理现象或物理学习过程中发现一些问题。

(3)有初步的分析概括能力。学习从物理现象和实验中归纳简单的科学规律,尝试应用已知的科学规律去解释某些具体问题。

(4)有初步的信息交流能力。能书面或口头表述自己的观点,初步具有评估和听取反馈意见的意识。

(5)有初步的信息收集能力。通过参与科学探究活动,学习拟订简单的科学探究计划和实验方案,能利用不同渠道收集信息。

(6)有初步的信息处理能力。通过参与科学探究活动,初步认识科学研究方法的重要性,学习信息处理方法,有对信息的有效性作出判断的意识。

(二)高中物理过程与方法目标

高中生是在初中物理过程与方法学习的基础上,通过经历科学探究的过程,进一步学习科学探究的过程与方法;能应用物理知识、物理方法分析和解决实际问题;培养起科学探究的质疑能力、信息收集和处理能力、分析解决问题能力和交流合作能力。

高中物理过程与方法目标包括:

(1)通过物理概念和规律的学习过程,了解物理学的研究方法,认识物理实验、物理模型和数学工具在物理学发展过程中的作用。

(2)具有一定的质疑能力、信息收集和处理能力、分析解决问题能力和交流合作能力。

(3)能计划并调控自己的学习过程,通过自己的努力能解决学习中遇到的一些物理问题,有一定自主学习的能力。

(4)经历科学探究过程,认识科学探究的意义,尝试应用科学探究的方法研究物理问题,验证物理规律。

(5)参加一些科学实践活动,尝试经过思考发表自己的见解,尝试运用物理原理和研究方法解决一些与生产和生活相关的实际问题。

(三)物理过程与方法的教学

科学探究的过程与方法是科学研究和发展的途径和手段,也是科学课程与教学重要的内容和目标。观察、质疑、实验、计划研究、搜集和处理信息、分析论证、评价交流等既是物理学基本研究方法,也是学习物理学最基本的方法。从物理学基本方法还可以派生出一些特殊方法,如变量控制方法、理想化方法、假说方法、思想实验方法、数学方法等,物理课程与教学要注重让学生得到这些科学方法的训练,这是物理课程与教学提高学生科学素养的重要内容之一。

过程与方法在很大程度上可以应用于社会生活和工作中,它不仅是未来从事物理研究人员所必须学习的,也是每个合格公民在日常生活和工作中所必备的素质。因此,教师在教学设计时要精心思考如何发现和提高学生的各种学习能力。

物理"过程与方法"的实质就是物理科学探究的过程与方法。科学探究活动大致上有七个要素:问题的提出、猜想与假设、制订计划与设计实验、进行实验与搜集证据、分析与论证、评估、交流与合作。教师要根据教学实际,让学生经历部分科学探究要素或全部科学探究要素的活动。

传统的物理教学常常忽略"过程与方法"而偏重知识的结论。在物理教学中,那些让学生发现问题和提出问题的情境可以用差异性物理实验、日常生活事件和经验、科学研究模拟、新旧知识的联系、作业活动等途径来创设。让学生自主地发现和提出问题,学生不但会产生强烈的学习兴趣,激励起学习动力,而且能养成问问题的意识和习惯,培养起科学怀疑和批判思维能力。

科学猜想与假设是以已有的经验和事实为基础,对求知事实或原因所做的推测性或假定性的说明,它是科学理论发展环节和形式。猜想与假设对发展学生发散性思维和创造性思维具有积极的作用。因此在教学中,教师应当注重引导学生猜想与假设的活动。

教师要注重引导学生制订计划与设计实验、进行实验、搜集证据、分析与论证、评估、交流与合作的学习活动。在引导学生科学探究的活动中,要根据学生的实际、教学内容的实际、教学手段的实际,循序渐进地让学生进行部分或完整的科学探究活动。同时,要注意防止科学探究形式化和绝对化的做法。另外,科学探究的教学方法要与其他教学方法相配合,真正落实物理教学的有效性。

物理科学研究方法有以下三点:

一是科学研究的普遍方法,包括分析与综合、归纳与演绎、分类与比较等。

二是物理研究方法,主要有观察方法、实验方法、理想化方法、类比方法、假说方法、数学方法等。

三是解决物理问题的具体方法,包括等效方法、对称方法、隔离法、整体法等。

教师在引导学生学习和掌握科学方法的过程中,要注意以下几点:

一是要突出学生学习的主体性,有计划有目的地让学生自主地去体验、去经历、去尝试,达到方法的内化。

二是要循序渐进。科学方法的学习和掌握要根据学生的实际,从简单到复杂,逐步深入。

三是方法的学习和掌握要自然融入物理知识学习之中。

如果教师只是简单地说教,在学生没有物理方法基础或基础较弱的情况下过早地引入一些抽象的物理方法的名词,学生必然难以理解,学习效果也会适得其反。

四、情感态度与价值观教学目标

(一)初中物理情感态度与价值观目标

初中物理情感态度与价值观目标包括:

(1)初步认识科学及其相关技术对于社会发展、自然环境及人类生活的影响。

(2)能保持对自然界的好奇,对大自然有亲近、热爱、和谐相处的情感。

(3)在解决问题的过程中,有克服困难的信心和决心。

(4)认识交流与合作的重要性,有主动与他人合作的精神,敢于提出与别人不同的见解,也勇于放弃或修正自己的错误观点。

（5）乐于参与观察、实验、制作、调查等科学实践活动。具有对科学的求知欲,乐于探索自然现象和日常生活中的物理学道理,勇于探究日常用品或新器件中的物理学原理。

（6）养成实事求是、尊重自然规律的科学态度,不迷信权威,具有判断大众传媒是否符合科学规律的初步意识。

（7）有将科学服务于人类的意识,有理想,有抱负,热爱祖国,有振兴中华的使命感与责任感。

（二）高中物理情感态度与价值观目标

高中物理情感态度与价值观目标包括：

（1）保持好奇心与求知欲,乐于探究自然界的奥秘,能体验探索自然规律的艰辛与喜悦。

（2）有参与科技活动的热情,有将物理知识应用于生活和生产实践的意识,勇于探究与日常生活有关的物理学问题。

（3）具有敢于坚持真理、勇于创新和实事求是的科学态度和科学精神,具有判断大众传媒有关信息是否科学可靠的意识。

（4）具有团队精神,积极将自己的见解与他人交流,敢于坚持正确观点,勇于修正错误。

（5）了解并体会物理学对经济、社会发展的贡献,关注并思考与物理学相关的热点问题,有可持续发展的意识。

（6）关心国内外科技发展现状与趋势,有振兴中华的使命感与责任感,有将科学服务于人类的意识。

（三）关于科学情感态度与价值观的教学

在中学物理教学中对学生进行科学情感态度与价值观的教育,教师首先应该具备正确的科学情感态度与价值观。科学情感态度与价值观是指人们从事科学探究、科学应用等活动的基本价值取向、情感、态度、精神等。教师只有正确认识并具备科学的情感态度与价值观,才能顺利地"传道、授业、解惑"。这里的"道",不仅指学生学习的方法、做事的方法,更包含了学生情感、态度及价值观养成这样的深远含义。其次,应当把科学情感态度与价值观的教育自然寓于物理知识和物理方法的教学之中。

在物理教学中具体进行情感态度与价值观的教学方式有以下几种。

1. 培养兴趣

要培养学生学习物理的兴趣,可以创设生动有趣的物理问题情境,激发学生学习的好奇心与求知欲。如采用差异性实验,展示出的结果出人意料与学生学习前概念或常识相违背的现象与过程。另外,可以提供学生自主探究和解决物理问题的任务。教师要引导学生去解释生动的物理现象,去探究神秘的物理事物,并从中体验到探究成功的喜悦,从而强化学生学习物理的情感。此外,可以突出物理学的技术和经济价值,尽量利用实物和多媒体材料向学生展示,让学生体会物理知识的技术和实用价值。

2. 获得成功体验

物理学本质是一种探究活动,科学情感态度与价值观可以在学生领悟和掌握科学探究的过程中得到极大的张扬。应当在物理教育中创设一种科学探究的情境,让学生在科学探究中受到科学情感态度与价值观的熏陶。在各种学习情境中,学生可以通过科学探究,了解并领悟到科学本质,逐步养成科学怀疑意识、独立精神、批判理性、创新精神。

3. 融合物理史实

在物理教学中提供一些重要的科学事实、概念、原理、方法以及技术发明的历史背景、现实来源和应用,或者通过物理学史上一些重大发现、发明过程的介绍进行教学。物理科学的每一次重大发展,总是与人类的思想观念相互作用、相互影响,并紧密地联系在一起。这就使物理科学理论不可避免地体现某种自然观、社会观、科学精神和人文精神。融合物理史实进行教学,有助于促进学生对科学理论发展的理解,能使学生感受到物理学是一个开放的、不断发展的系统,能激发学生对科学的兴趣,培养他们的科学批判的意识、科学态度、科学精神。

4. 突出人文向善意蕴

人文向善意蕴主要通过对自然的关爱、对环境的关爱、对祖国的关爱、对他人的关爱、对自己的关爱等来体现。物理教学突出向善意蕴主要通过爱国主义教育、STS[①]教育等途径来进行。在物理教学中融合爱国主义教育。爱国主义是人文向善情怀的重要方面,是每个公民都应具有的基本素质,也是一个国家得以生存和富强的精神力量。

物理教学向学生进行爱国主义教育要明确以下几点:

一是爱国主义是以求真为前提的,要防止狭隘的爱国主义。

①　2014-6-27 17:22:44科学(Science)、技术(Technology)、社会(Society)的研究简称为STS研究,它探讨和揭示科学、技术和社会三者之间的复杂关系,研究科学、技术对社会产生的正负效应。其目的是要改变科学和技术分离,科学、技术和社会脱节的状态,使科学、技术更好地造福于人类。

二是爱国主义教育要实事求是。探讨近代我国科学落后的原因,正视我国整体科学技术或某些领域研究的落后。

三是爱国主义教育要自然融入物理学的学习中,决不能用说教的方式进行。

第五节　中学物理课程改革的特点与趋势

尽管各国和地区中学物理课程设置的模式不同,教材也不尽相同,但通过对国际国内典型的中学物理课程的比较分析,不难发现当前国内外中学物理课程改革表现出相同特点和发展趋势。

一、内容的基础性和时代性

人类近 30 年来所积累的科学知识,占有史以来积累的科学知识总量的 90%,而在此之前的几千年中所积累的科学知识只占 10%。选取内容作为中学物理课程的做法有:

一是更新课程结构,改变传统课程按力、热、电、光、原呈现知识体系方式。

二是删减和精选经典物理知识。

三是增加近代物理的基础知识。教材在对这部分内容的处理上,一般具有如下特点:定性多,定量少;重思想性;从实验现象引入。

四是体现物理学发展的最新成果。在教材中主要是通过阅读材料、旁批及教材资源等体现出来。

五是重视物理知识与其他学科和生活的联系。

六是渗透 STS 教育。在发达国家的物理课程中会广泛渗透 STS 教育,在教材中一般采用以下几种渗透方式:①在教材中安排专门的 STS 栏目;②在课文中插入实例;③在讨论栏目中安排相关话题,让学生在讨论、辩论、角色扮演等活动中认识科学、技术与社会之间的关系。④主题贯穿。以与物理知识、技术和社会紧密相关的主题贯穿在课文中。

二、探究活动的科学性

强调科学探究,把科学探究和科学内容放到同等重要的地位,是国内外物理课程改革的突出特点。从物理教育的角度来看,我们可以从以下三个层面来理解科学探究。

(一)观念层面

科学探究体现着现代科学观。科学不是已经完成和固化了的知识体系,而是人类对自然界的永无止境的探究过程。科学的知识体系在探究过程中不断发展和变化,许多科学的结论是待证伪的,是在发现新的证据之后需要修正的。学习物理的过程是一个不断转变对自然界的原有认识和观念的过程,是一个自觉的实现观念自我更新的过程。

(二)思想方法层面

科学探究是科学家群体在长期探索自然规律的过程中所形成的有效的认识和实践方式,其中最重要的是科学思维方式,即我们通常所说的科学思想方法。当代科学教育理论认为,科学探究没有固定的模式,但有一些可辨别的要素,如提出科学问题、建立假设、搜集证据、提出理论或模型、评估与交流等,这些都是科学思想和工作方式的体现。

(三)操作技能层面

任何实验探究过程都需要某些思维和操作技能,如控制变量、使用仪器、记录和处理数据等。

由此可知,除了第三个层面要求学生必须动手实验之外,其他两个层面都可以通过多种方式渗透在教学过程之中。基于对科学探究的这种理解,新教科书在体现科学探究方式多样化方面做出了一定的努力,而不是把科学探究形式化或标签化,也不是把科学探究仅仅局限于实验探究。

与此相应的新编教科书与以往相比,活动内容明显增多,其中一些活动基于 hands-on 的基本过程,即提出问题—动手实验—观察记录—解释讨论—得出结论—表达交流。

有的教材在编写思路上是从学生日常生活中观察到的现象和具体问题出发,在观察实验、思考、探究中学习物理概念规律,在实践和应用中将所学的知识与社会、生活联系起来,从而达到掌握知识、培养能力、提高兴趣、培养高尚品格的目的。这种编写思路既体现了物理学的特点,又遵循了学生的认知规律,同时也为教师的教学设计提供了思路,从而使教师很容易转化为以探究式教学思想为指导的课堂教学操作模式。

第二章 物理学习的心理基础

教学实践和研究表明,物理教学的成功必须以学生的物理学习心理活动为基础,学生"学"的问题是教师思考"教"的问题的出发点和立足点。认识影响物理学习的主要心理因素、研究学生物理学习的心理和认知特点,可以减少实际教学中的盲目性、提高教学的效率和有效地解决教师教授和学生学习中的问题。因此,物理教学的心理学基础是物理教学论的重要内容,是教师开展物理教学工作的理论根据。

第一节 学生的学习心理

学生学习心理是指学生在校学习过程中的心理现象,即在注意、观察、记忆、想象、思维、情感、意志等智力因素和非智力因素诸方面的现象。

一、教育心理学理论

教育心理学理论直接指导了中学物理学习心理的研究,同时也直接影响了中学新物理课程标准的制定,物理课程的设置方式。

(一)归因理论

归因是指原因的归属,即对事件结果寻找原因的过程。教育心理学指出:归因理论,是关于人们如何解释自己或他人的行为,以及这种解释如何影响他们的情绪、动机和行为的心理学理论。

1.海德的归因理论

1958 年,海德从通俗心理学的角度提出了归因理论,该理论认为人有两种强烈的动机:一是形成对周围环境一贯性理解的需要;二是控制环境的需要。而要满足这两个需求,人们必须有能力预测他人将如何行动。在归因的时候,人们经常使用两个原则:一是共变原则,它是指某个特定的原因在许多不同的情境下和某个特定结果相联系,该原因不存在时,结果也不出现,我们就可以把结果归于该原因,这就是共变原则。二是排除原则,它是指如果内外因某一方面的原因足以解释事件,我们就可以排除另一方面的归因。

2. 凯利的归因理论

1967年,美国社会心理学家凯利提出三维归因理论,该理论认为人从环境中的事件去觉知或推论其性质或原因的过程,其中包括对自己或对他人行为成因的推论。这种由刺激事件推论原因的心路历程会决定个人后来的行为,可视为事件与行为间的中介历程。

3. 韦纳的归因理论

美国心理学家伯纳德·韦纳的动机归因理论认为,个人可能会将自己的行为结果归因于外因(归因于事物本身的特质)和内因(行动者个人特质或事物交互作用的结果)两大类。韦纳的归因理论的主要论点有三条。

首先,人的个性差异和成败经验等影响着他的归因。

其次,人对前次成就的归因将会影响到他对下一次成就行为的期望、情绪和努力程度等。

最后,个人的期望、情绪和努力程度对成就行为有很大的影响。

根据韦纳的研究,人们对行为成败原因的分析可归纳为能力、努力、任务难度、运气、身心状态和其他因素。这些因素作为一般人对成败归因的解释或类别,因此,韦纳按各因素的性质,分别纳入控制点、稳定性和可控性三个向度之内。控制点是指当事人自认影响其成败因素的来源,是以个人条件或来自外在环境。在此一向度上,能力、努力及身心状况三项属于内控,其他各项则属于外控。稳定性是指当事人自认影响其成败的因素,在性质上是否稳定,是否在类似情境下具有一致性。能力与工作难度两项是不随情境改变的,是比较稳定的。其他各项则均为不稳定者。可控性是指当事人自认影响其成败的因素,在性质上由个人意愿所决定。在此一向度上,六因素中只有努力一项是可以凭个人意愿控制的,其他各项均非个人所能为力。

(二)多元智力理论

1. 加德纳多元智力理论

美国心理学家霍华·加德纳认为智力可以分成三大类,即与物有关的智力,包括视觉空间、身体动觉、自然观察等;与语言有关的智力,包括言语语言、音乐节奏;与人有关的智力,包括人际交往、自我反省等。他认为心理测验仅仅强调了语言和数理逻辑智力以及一部分空间关系智力,而其他形式的智力则被完全忽视了,而大多数的纸笔测验不考虑各种在日常生活中碰到的明智的表现。

言语－语言智力是指听、说、读、写的能力,表现为个人能够顺利而高效地利用语言描述事件、表达思想并与人交流的能力。

身体－动觉智力是指运用四肢和躯干的能力,表现为能够较好地控制自己的身体,对事件能够做出恰当的身体反应,以及善于利用身体语言表达自己的思想和情感的能力。

视觉－空间智力是指感受、辨别、记忆、改变物体的空间关系并借此表达思想和情感的能力。表现为对线条、形状、结构、色彩和空间关系的敏感,以及通过平面图形和立体造型将它们表现出来的能力。

逻辑－数理智力是指运算和推理的能力。表现为对事物间各种关系如类比、对比、因果和逻辑等关系的敏感,以及通过数理运算和逻辑推理等进行思维的能力。

自知－自省智力是指认识洞察和反省自身的能力,表现为能够正确地意识和评价自身的情感、动机、欲望、个性、意志,并在正确的自我意识和自我评价的基础上形成自尊、自律和自制的能力。

音乐－节奏智力是指感受、辨别、记忆、改变和表达音乐的能力。表现为个人对音乐,包括节奏、音调、音色和旋律的敏感,以及通过作曲、演奏和歌唱等表达音乐的能力。

自然观察智力是指认识世界、适应世界的能力,是一种在自然世界里辨别差异的能力。如植物区系和动物区系、地质特征和气候。

交往－交流智力是指与人相处和交往的能力。表现为觉察、体验他人情绪、情感和意图并据此做出适宜反应的能力。

每个人都在不同程度上拥有这八种基本智力。教育的起点不在于一个人有多么聪明,而在于怎样变得聪明,在哪些方面变得聪明。因此,智力是个体解决实际问题的能力和生产出或创造出具有社会价值的有效产品的能力。

加德纳教授多元智力理论的基本特征有以下几个:

(1)强调多元性。人的智力结构由八种智力要素组成,它们是多维度相对独立地表现出来的。判断一个人聪明与否、成功与否,不是与他人比个高低,而是判断他在哪个方面聪明、在哪个方面成功,以及他们怎样聪明、怎样成功的。

(2)强调差异性。八种智力要素在每个人身上都以不同方式进行不同程度的组合,使得每个人的智力各具特点,这就是智力的差异性。这种差异性是由于环境和教育所造成的,不同环境和不同教育条件下个体的智力发展方向和程度有着明显的差异性。

（3）强调创造性。智力是解决问题和创造某种文化价值的产品的能力。智力具有很强的创造性,因为在解决实际问题时需要综合已有知识和以前的经验,创造性地设计解决问题的策略和方案,这就是一个创造的过程。发展多元智力,实质是要培养每个人在新的情景下的创造性,从而更好地适应和改造环境。

（4）强调开发性。帮助每一个人彻底地开发他的潜在能力,需要建立一种教育体系,能够以精确的方法来描述每个人的智力演变。学校教育的宗旨应是开发多种智力,并促进学生全面发展。

2.瑟斯顿多元智力理论

美国心理学家和心理计量学家路易斯·列昂·瑟斯顿,应用因素分析法提出了构成能力七种因素的多元智力理论,即:词的理解力、言语流畅性、数字计算能力、空间知觉能力、记忆能力、知觉的速度以及推理能力。

（三）认知心理学

认识心理学的一个主要研究方向是研究人的高级心理过程,主要是认知过程,如注意、知觉、表象、记忆、思维和语言等。

1.有意义接受教学模式

从学习的内容和学习者已有的知识经验的关系来看,可以把人类学习分成有意义学习和机械学习。根据学习进行的方式来看,可以把学生的学习分为接受性学习和发现性学习。由于教学过程是一个特殊的认知过程,学生主要是接受间接知识,这一特殊性决定了学生获取大量知识必须是接受性的。

奥苏伯尔用有意义学习理论对接受学习进行了科学的分析。如果教师能将有潜在意义的学习材料同学生已有认知结构联系起来,融会贯通,学生也能采取相应的有意义学习的心向。也就是说,学生在学习过程中,能够积极主动地从原知识体系中提取出易于与新知识联系的旧知识。这样,新旧知识在学生的头脑中会发生积极的同化作用,导致原有认知结构的不断分化和重组,使学生获得关于新知识方面明确而稳定的意义,同时原有的知识在这一同化过程中发生了意义上的变化,那么接受性学习将是有意义的。

因此,只要教师清晰地组织教材,就会使学生出现稳定而明确的有意义学习,就会使有组织的知识体系长期保存下来,有意义的言语接受学习成为学生获取知识的有效途径,从而形成了以言语讲授和有意义学习为特征的有意义接受教学模式。

2.八个阶段学习过程

美国著名的学习和教学心理学家加涅提出学习过程结构的八级阶梯模式：

(1)动机阶段。该阶段是整个学习过程的开始阶段,一定的学习情境成为学习行为的诱因,激发个体的学习活动,表现为对达到学习目标的心理预期。

(2)选择阶段。学生已具备学习的动力,并注意同学习目标有关的刺激,如对来自感觉记录器的信息进行选择,并对有关信息进行短时记忆,淘汰无关信息。这个过程是短暂的心理状态,起着定向的作用。

(3)作业阶段。反应发生器激起反应器活动。使学习付诸行动,展现为新作业或新操作的完成。

(4)获得阶段。该阶段起着编码的作用,即对选择的信息进行加工,将短时的记忆转化为长时记忆的持久状态。

(5)概括阶段。把已经获得的知识和技能应用于新的情境之中,这一阶段涉及学习的正迁移问题。

(6)保持阶段。获得的信息经过复述、强化之后,以表象或概念的形式在长时记忆中永久地保存下去。

(7)反馈阶段。学习者因完成了新的作业并意识到自己已达到了预期目标,从而使学习动机得到强化。

(8)回忆阶段。该阶段为检索过程,也就是寻找储存的知识,使其复活的过程。

加涅划分的八个阶段相应着八种心理过程,即:预期、注意、编码、储存、检索、迁移、反应和强化。从学习动机的确立,到学习结果的反馈,从学习愿望的产生到愿望的满足,揭示了学生掌握知识、技能,形成能力的发展过程。

加涅认为,学生对探究的问题要有广泛的、概况化的背景知识。在科学探究活动中,学生进行猜想与假设的过程,实际上就是主体的科学认知结构对当前面临的新知识、新问题进行的预测性的重组、撮合的过程,通过猜想与假设使外部知识与内部创造的不平衡达到暂时的平衡。猜想是建立在丰富的实践经验和宽厚的知识积累基础之上的,人们在面对新问题时,实践经验愈丰富,知识积累愈宽厚,知识重组能力就愈强,大胆猜想也就愈可靠。因此,构建合理的认知结构是成功完成猜想、顺利进行问题解决的前提条件。

3.元认知理论

元认知理论是由美国心理学家弗拉威尔提出的关于儿童认知发展的心

理学理论。元认知是指人类对其自身认知活动的认知,即认知主体对自己的认知能力、任务、目标、认知策略、心理活动等方面的认识,其实质是认知主体对自己的认知活动的自我意识、自我监控和自我调节。

心理学实验和教育教学实践都表明,学习成绩优秀与否主要与元认知发展水平的好坏有关。学习成绩优秀的学生具有较多的有关学习任务和学习策略等方面的知识,他们能够很好地掌控自己的学习活动,灵活地运用各种学习策略来完成自己的学习任务。

认知学习理论既强调外在的客观因素,又强调学习者内在的主观因素,重点放在两者的结合上。主张学习就是将外在事物的关系(结构)内化为学习者自己的心理结构的过程。所谓积极参与策略是指在学习过程中,学习者积极主动地参与学习活动。

(四)建构主义学习理论

建构主义的思想来源于认知加工学说,即皮亚杰和布鲁纳等的认知观点——解释如何使客观的知识结构通过个体与之交互作用而内化为认知结构。它是人们对儿童智力结构的发生和发展以及知识结构规律的探讨。

1.皮亚杰的儿童认知结构

(1)儿童认知结构心理学。

人的主体正是通过这一内部结构才能与客体相互作用,从而认识客体。智力从人类智慧活动本身看,基本上是一种主体对客体的结构性"动作",就其外部功能看,智力活动目的就在于取得与客体的适应。儿童正是在这种适应的过程中,不断地形成认知结构,从而使智力从低级向高级发展起来的。

皮亚杰认为人的主体结构式"图式"不是一种神经系统的物质生理结构,而是一种主体活动的功能结构,即外部动作和内部思维的功能结构。

他把儿童的智力发展分为以下四个阶段:

第一阶段(出生～2岁),感觉运动智力阶段;

第二阶段(2岁～7岁),前运算智力阶段;

第三阶段(7岁～12岁),具体运算智力阶段;

第四阶段(12岁～15岁),形式运算的智力阶段。

这四个阶段只是大致的划分,不同儿童其智力发展情况是不同的。

(2)认知结构心理学。

皮亚杰的智力结构发生、发展理论向人们展示了一个丰富、复杂而又有规律的儿童心理发展世界,提供了一个有关儿童智力发展的一般模式,这些理论奠定了建构主义教育理论的核心部分。他认为作为教育者的教师应在教学中多采用"自我发现的教学",只有儿童自我发现的东西,才能被个体积极地同化。另外,他还认为教育者应明确兴趣和需要"实际上是同化作用具有动力的"方面,不是所有的智力原材料都可以为儿童所同化,应考虑到儿童特定的兴趣和需要。

在皮亚杰看来,帮助儿童发展自主性的最终目标就在于发展儿童的认知结构,即智力结构,并认为教学中的活动是儿童教育的最重要原则。

2."发现法"学习方法

美国教育心理学家和教育家布鲁纳认为:学习的最好刺激,乃是对所学材料的兴趣,而不是诸如等级或往后的竞争便利等外来目标。他主张不宜过分强调外来动机,而应努力使外来动机转化为内在动机。

布鲁纳提出许多有关心理教育的重要观点,认为学校教育是文明社会赖以发展智慧能力的重要工具,其主要目标应是最好地促使学生的智力发展,获得各种优异才能。

倡导发现法,要求重视学生学习的信心与主动精神。布鲁纳按照认知结构的心理学理论体系,将他的发现法学习过程总结为典型的三个环节:

(1)掌握学习课题,创造问题情境;

(2)制定假设,提出解决问题的各种可能的假设和答案;

(3)发现补充,修改和总结。

出于改革美国基础教育的迫切性,布鲁纳希望快速培养出一流的科学家和工程师。布鲁纳认为发现法有如下优越性。

(1)能开发学生的智慧,发挥学生的潜力。

(2)能使学生产生学习的内在动力,增强自信心。

(3)能使学生学会发现的试探方法,培养学生提出问题、解决问题的能力和创造发明的态度。

(4)由于学生自己把知识系统化、结构化,所以能更好地理解和巩固学习的内容,并能更好地运用它。

发现法虽有一定的优点,但不是唯一的教法或学法,实践证明,发现法或科学探究方法实际上应当作为一种教学理念,必须同其他方法结合一起使用,才能取得良好效果。

3.维果斯基理论

前苏联发展心理学家利维·维果斯基提出"最近发展区"理论,其中心在于"最近发展区",指儿童在成长的过程并不一定如皮亚杰所论述的受到年龄所限制。如果有一个导师让儿童尝试一些他能力以外的事物,可以加快他的成长过程。

维果斯基认为语文在儿童心智发展中占有主导的地位。他提出了"Constructive Theory"来描述儿童认知的发展过程,并提出了思想发展的四个过程:

第一,知识构架;

第二,从学习带领发展;

第三,与社会不可分割的发展;

第四,语言在认知发展所占的主导角色。

(五)新行为主义学习理论

斯金纳是新行为主义心理学的创始人之一。新行为主义教育强调一切教育和教学主要是为了塑造人的行为,主张程序教学,让学生在学习中运用教学机器,教育研究应以教和学的行为作为研究的对象。程序教学是行为主义教育流派在教育实践上的主要体现,新行为主义教育是一场运用行为主义心理学理论解决教育、教学问题的改革运动。

(六)实用主义学习理论

美国著名的哲学家、教育学家和心理学家杜威提出的实用主义教育思想对现代中国教育的改革留下深远的影响。其主要观点如下。

首先,教育即"生活"、"生长"和"经验改造"。教育能传递人类积累的经验,丰富人类经验的内容,增强经验指导生活和适应社会的能力,从而把社会生活维系和发展起来。

其次,教育是无目的的。在不民主、不平等的社会中,教育只是外力强加于受教育者的目的的。在民主的社会中就不同了,应当奉行无目的论。

第三,学校就是社会。杜威认为人们在社会中参加真实的生活,才是身心成长和改造经验的正当途径。所以教师要把教授知识的课堂变成儿童活动的乐园,引导儿童积极自愿地投入活动,从活动中不知不觉地养成品德和获得知识,实现生活、生长和经验的改造。

第四,倡导实用主义教学。

杜威说:"道德是教育的最高和最终目的","道德过程和教育过程是统一的。"杜威极力强调道德才是推动社会前进的力量。在实施方面,杜威首先主张"由活动中培养儿童的道德品质",其次是要求结合智育达到德育的目的。再则,他很注重教育方法的道德教育作用。

(七)人本主义心理学理论

美国社会心理学家和人格理论家马斯洛创立了人本主义心理学。美国心理学家罗杰斯是当代美国人本主义心理学的主要代表之一。人本主义教育思潮,是一种强调受教育者的主体地位与尊严的教育理论思潮。

人本主义强调让学校成为学生实现生命价值的地方。一方面,强调师生的情感与人际关系的重要性,主张努力形成一种具有真实、接受和理解特征的课堂心理气氛,使学生在这种气氛中能够自由表达和自由参与。另一方面,强调尊重学生的个性,充分调动学生的积极性,发挥学生的潜能,使其在主动的参与中享受到自身价值实现的快乐。

人本主义是一种以人的发展为出发点和最后归宿的教育思想,其基本特征是强调人在受教育活动中的主体地位,要求尊重儿童的本性、尊严、兴趣和理想。任何有生命力的教育思想都是具有针对性的。现代人本主义教育思想,针对的是人们头脑中残余的封建教育思想和将动物的学习简单类推到人的学习的行为主义教育理论、将现代化教育技术的作用扩大化的技术主义教育思想。

总而言之,在人本主义教育家们看来,个性、人性和潜能三者的发展,应该成为最基本的教育目的。而且,由于物理学理论特有的科学思维特征,各家教育心理学理论成果对物理教学论的研究产生了深远的影响,直接指导着二战以后世界各国的基础教育改革和物理教育教学理论的研究,也直接影响着我国在改革开放后进行的基础物理教育领域的改革。

二、中学生的学习心理过程

在中学生的学习过程中,经历了很多的心理过程,学习过程中的主要心理活动规律主要表现为认知过程、策略过程、协同过程与发展过程。

(一)特殊认知过程

中学生的学习活动实际上是在教师的指导下,按照一定的课程设置、教材内容和教学计划,有目的、有组织地进行认知活动。学生通过学习,不仅能获取知识,掌握技能,发展智力,而且还能形成良好的道德品质,形成正确的人生观世界观。

学生的学习认知过程与科学研究探索是不同的。学习认知过程主要解决的是如何把人类积累的知识与经验有效地转化到个体的认知中去,使个体迅速提高到社会所要求的水平上。科学研究探索主要目的是改变客观世界,在认知客观世界、改造客观世界的同时改造主观世界。

由此可见,学生的认知是掌握人类已有的认知成果,实现将人类社会历史经验转化为学生个体精神财富,并进而转化为各种能力和思想观点,以便为将来在新的水平上参加改造客观世界的活动做好准备。

（二）策略过程

学生的学习活动主要是一种理性的认知活动，一种思维或信息加工的过程，它离不开学习策略的运用。学生的学习策略包括制定计划、明确目标、激发动机、感知材料、理解知识、迁移运用、记忆保持、获得经验等一系列学习过程。

良好的学习策略，使学生能意识学习内容，理解学习要求，掌控学习过程，从而做出适当的决定，及时调整自己的学习活动，或者做出恰当的选择，灵活处理各种学习情境。

（三）协同过程

要完成一个复杂的认知过程，仅有智力是不够的，还需要非智力因素的参与。非智力因素即认知因素以外的其他心理因素，包括需要、兴趣、动机、情感、意志、性格等，他们综合构成了学生学习的求知欲、积极性、主动性和倾向性等品质。学生对任何客体的认知，都是智力因素与非智力因素的协同作用的结果。因此，应重视学生学习过程中智力因素与非智力因素的紧密结合，充分发挥两方面因素的促进作用。

（四）发展过程

学习过程不仅是学生认知和智力发展的过程，也是其他各种心理品质、健全个性的发展过程。认知能力的发展是其他各种发展的基础，人们在认知和改造客观世界的同时也认知和改造着主观世界。因此，应该把学生的学习认知过程与个性健全发展过程统一起来，为学生的全面发展、健康成长创造有利条件。

三、中学生的学习心理特点

要了解学生的学习心理，必须了解其学习心理所具有的特点，以提高教学效果，达到事半功倍的效果。中学生学习心理特点如图 2.1 所示。

中学生的兴趣首先取决于直接兴趣和操作兴趣，其次是间接兴趣。心理研究表明，单调而毫无变化的连续性活动，不易引起人们长期的注意。在教学中不能较长时间地采用单一教学方法，而要不断地改进教学手段，调动全体学生积极地参与到教学活动之中，让学生对教学过程产生兴趣，这样才能收到较好的教学效果。

图 2.1　中学生学习心理特点

教师的态度影响学生学习的情感。教师真诚的关怀与积极的期待和希望会使学生受到鼓舞与激励,学生就会愉快地接受教师的教导,产生学习的动力,并努力把这种教导转化为行动,从而实现教师的期望。

在观察方面,有的学生是有目的、自觉地进行观察,能从观察的现象中发现事物的特征,同时能将这些个别特征和变化联系起来,从而发现事物本质。但有的学生知识出于好奇,单纯凑热闹,这些学生往往停留在表象的观察上而不认真思考。

记忆是由好奇心、求知欲、探索心等心理因素决定,表现在对于感兴趣的概念和规律愿意记忆,积极学习,而对于那些没有兴趣,由枯燥的抽象思维形成的概念、规律则不愿记忆或机械记忆。在整个中学阶段,学生通常要借助于生活中的亲身感受、对事物的直接认识及习惯观念等进行思维活动。随着学习的程度不断加深,逐渐使抽象思维转变为理论型,用理论作为指导来分析各种材料,并逐渐发展成为能依据一定的系统知识,遵循一定的逻辑程序,自觉把握和运用概念、判断和推理,从而不断扩大自己的知识领域。

四、中学生学习心理问题及解决方法

学生在学习的过程中,学习心理往往会出现一些问题,主要表现为学习焦虑、情绪波动、学习疲劳和厌学。

(一)学习焦虑

学习焦虑是学生感到来自现实的或预想的学习情境对自己的自尊心构成威胁而产生某种担忧的心理反应倾向。学习过程中难免经常有错误与失败,很容易引发学生不同程度的紧张和焦虑。当焦虑程度过高或缺乏焦虑感,都将引起学生的心理不适,使学习过程变得困难重重。

缺乏焦虑往往会会使学生对于学习消极被动,不思进取。过度焦虑通常表现为紧张不安,胆怯自卑,记忆力不集中等现象。由此看来,中学生的学习焦虑心理是不可避免的,关键还在于如何正确判断焦虑程度,有效调节情绪状态,把学习焦虑控制在适度水平上。

不论是焦虑程度偏高还是偏低,都对学习产生消极影响,因此,学会调节情绪,控制焦虑是十分重要的。调节焦虑情绪应注意以下几点:

1)不要对自己要求过高。

2)不要把失败看得太重。

3)不要瞧不起自己。

4)不要苛求他人,疏远他人。

5)不要过度疲劳。

(二)情绪波动

在中学生的学习过程中,学生往往开头决心大、热情高,可结果很可能是半途而废或草草收尾。这正是由于学生的学习情绪强烈而不稳定产生的,一会儿激情满怀,热情澎湃,一会儿又灰心丧气,心灰意懒。这种情绪的波动是随着年龄的增长与心智的成熟而逐渐减少的,我们可以通过以下几个方面来减少情绪强烈的波动:

1)坚持循序渐进,避免急于求成;

2)学会以理智控制情绪;

3)锻炼毅力,培养持久力与恒心;

4)克服惰性,养成良好习惯。

(三)学习疲劳

学习疲劳是长时间持续学习中在生理和心理方面产生的倦怠,导致学习效率下降,更有甚者到了不能学习的地步。导致学习疲劳的原因十分复杂,主要有学习负担过重,教学方法不当,作息时间紊乱,学习动力不足,营养供应不良,学习环境不好等方面。有研究表明,凡是需要高度的注意力,积极思维与加强记忆的学习活动,都容易产生学习疲劳,学习疲劳对学生有着非常不利的影响,而且会给他们的健康成长带来严重危害。

经观察研究,可以从以下几个方面缓解学习疲劳:

1)合理安排学习内容,灵活采用教学方法;

2)科学安排各科学习时间;

3)确立正确学习动机,培养浓厚学习兴趣;

4)改善学习环境,消除疲劳诱因;

5)适当休息,保证睡眠。

(四)厌学

在日常学习中,某些中学生由于受到多方面因素的影响,于是会产生一种消极的厌学情绪,不求上进,消极应付,不思进取,或者逃学旷课,放弃学业。这种厌学行为是学习心理问题的表现。

厌学情绪受多方面因素的影响,需要从各个方面加以调节:

1)调节对学习的认识偏差;

2)树立正确的学习目标;

3)增强学习兴趣,产生学习动力;

4)坚持不旷课不逃学,尽自己最大努力完成学业活动。

第二节　影响物理学习的主要心理因素

为了提高教学质量和取得好的教学效果,教师必须从心理学角度去分析影响物理教学过程的各种心理因素,寻找教学成败的心理根源。影响物理教学过程的各种心理因素的分析就是分析心理因素的课堂表现以及心理因素对课堂教学的影响。

一、心理因素的课堂表现

在课堂上学生参加教学活动的心理因素主要有两种表现:

一种是认知因素(智力因素),主要有感知、记忆、想像、思维等要素;另一种是情感因素(非智力因素),主要由动机、兴趣、情感、意志等要素组成。

非智力因素在学习活动中起着动力、维持、强化的作用,智力因素的正常运转主要依靠非智力因素的调节,智力因素与非智力因素是相互依存、密不可分的。这可从两个方面看出:一方面,智力因素促进非智力因素,表现为学生经过学习形成稳定的心理特征;另一方面,非智力因素转过来促进智力因素的发展,表现为思维的积极主动性以及认识活动中的自控能力。

（一）课堂心理结构

认知因素和情感因素对课堂教学的影响主要表现为一节课的课堂心理结构是否合理和课堂心理气氛是否融洽。根据教育学的理论，在课堂上学生掌握和运用知识的过程要经历以下五个环节：激发兴趣、感知知识、理解知识、巩固知识、运用知识。课堂上心理结构是否合理关键在于所涉及的心理因素的运用是否合理。

1.激发学生的学习兴趣

学习兴趣中最主要的心理因素是学习动机，学习动机是学生对学习的内容感兴趣的最积极的内部动因。学习动机分为外在动机和内在动机，只有内在动机才是学生对学习内容产生持久兴趣最根本的因素。因此，教师在物理课堂教学中必须强化和维持学习动机。教师可以采用多元化的教学方法和手段，最大限度地激起学生的学习兴趣。

2.感知知识

感知知识就是要学生获得认识和理解新知识的感性认识。为了使学生获得感性认识，教师要向学生提出问题或要求，以集中学生的注意力。其次要使学生把教学重点和非重点区别开来，以便清楚地感知教学重点。最后，教师在课堂教学中要重视运用学生日常生活中的各种感性材料、物理实验等，并采用现代化的教学手段，通过各种可能的渠道来扩大学生的感知量。

3.理解知识

在教学过程中，感知知识只是学生对知识认识的开始，要真正的获得知识，还必须经过自己的理解才能达到对知识的内化，使之变成自己的。在理解的过程中，主要的心理因素是思维。思维是人脑对客观事物的间接和概括的认识过程。学生只有通过思维的加工，才可能把观察、实验中得到的各种感性材料升华为概念和规律。教师要善于运用比较、分析、综合等方法来引导和组织学生的思维过程，并培养他们的逻辑思维能力，从而使学生正确地进行思维。

为了全面深刻地理解知识，要通过观察实验和科学探究活动为学生提供丰富的感性材料，奠定理解知识的基础。另外，还要注意知识的建立过程和方法，注意概念的确切。文字、语言的表达要准确和严谨，只有确切地把握了概念，才能深刻地理解知识。

4.巩固知识

巩固知识涉及的心理因素是记忆。物理记忆要以理解为基础，以表象为支持，需要不断简化和组织。知识的巩固是贯穿于教学过程的始终的。

为了牢牢地记住知识,防止遗忘,需要做知识的巩固工作,也就是各种形式的复习。

学生牢固地掌握知识,需要通过他们的记忆。教师应注意指导学生进行记忆,提高他们记忆能力。在教学过程中,教师要向学生提出记忆的任务,讲清记忆的重要性,培养记忆的兴趣,以增强学生记忆的自觉性和积极性。另外,教师还要指导学生掌握记忆的方法,使他们在理解的基础上记忆,学会把理解记忆与机械记忆结合起来,养成边阅读、边理解、边在记忆中再现知识或用自己的语言复述知识的习惯。

5. 运用知识

掌握知识的根本目的在于运用。知识运用的过程中得以深化和活化,其运用的实践过程是形成技能、技巧的重要环节。知识运用的主要心理因素是操作,针对物理教学的特点,操作与练习对于培养学生的动作技能与心智技能具有重要价值,因而在物理教学中应给予特别的重视。

在教学中,学生运用知识,形成技能、技巧,主要是通过教学实践。学生从掌握知识到形成技能,从技能发展成为技巧,需要经过反复的练习。为了使学生顺利地掌握技能与技巧,教师不仅要注意练习的数量,还要提高练习的质量,改进练习的方法:

1)要使学生明确练习的目的和要求,培养他们练习的兴趣,调动他们练习的积极性;

2)要指导学生复习有关的知识、弄清道理、明了规则,使练习在理解的基础上进行;

3)要精选习题,逐步加深内容、改变方法、增大难度,提高练习的水平;

4)要对他们的练习进行检查和讲评,帮助他们改正缺点和错误;

5)要引导他们分析和理解练习的过程,培养他们自己安排练习步骤和自我检查练习结果的能力和习惯;

6)要合理地分配练习时间,有计划地反复进行练习,以形成熟练的技巧。

(二)课堂心理环境

课堂心理环境是指在课堂教学中影响学生认知效率的师生心理互动环境。课堂教学除了需要一个合理的心理结构外,还要创造一个良好的心理环境,才能取得好的教学效果。营造理想的课堂心理环境,要依据教师、学生和班级文化三个因素。

1. 教师

教师在教学过程中处于主导地位,直接影响或决定着课堂教学心理气氛的性质。教学内容的组织,教学方法的选择,教师课堂中的言语行为和非言语行为,都会影响课堂教学心理气氛。

不同的领导方式会产生不同的课堂教学心理气氛。民主型教师的领导方式易形成和谐愉快、积极向上的课堂教学心理气氛;专制型的教师易导致情绪压抑、气氛紧张;放任型教师则易导致课堂自由散漫、我行我素。

教师威信直接制约着课堂教学心理气氛,有威信的教师能增强学生对其讲授知识和指导的信赖程度,使学生具有较高的掌握知识和接受指导的主动性。

因此,教师应具有以下几种能力:

1)敏锐的观察力。能细致深入、迅速准确、全面客观地观察整个课堂情景。

2)良好的注意分配能力。既要根据学生反应及时调整讲授的内容、节奏、特色和情绪,又要密切注意整个班级的课堂气氛及个别学生的反映,处理好个体与整体的关系。

3)教育机智。教师应善于因势利导,善于把握教育分寸,以使课堂教学心理气氛维持在特定的水平上。

2.学生

学生的个体心理特征在很大程度上影响着课堂教学心理气氛的性质与类型。不同的学生具有各不相同的学习动机和态度,在课堂教学中也会有不同的表现。具有较积极学习动机的学生在课堂上一般发言积极、反应迅速、学习认真;而学习动机较消极的学生则注意力不集中,情绪沉闷不积极。

学生的认知方式和水平是在学习中形成和发展的,也各有不同。当其认知方式、水平与教师的讲授相适应时,会接受迅速、反应积极。同一水平上的认知方式也各具特色,有的迅速而肤浅,有的深刻而迟缓,有的喜爱参与,有的则沉默寡言。

3.班级文化

班级文化具有一种"信号功能",使成员在不知不觉的情况下接受班级的情绪影响。班级文化具有对其成员潜在的规范性。良好的班集体学风浓厚、积极上进。良好的班级文化具有明确的目标和科学的价值观,有利于学生形成科学的学习态度和学习动机,能建立良好稳定的课堂教学心理气氛。我们应加强对课堂教学心理气氛的研究,探讨其形成和变化的规律及教育作用,以促进课堂教学效率的提高。

总之,物理教师应该从心理学角度去分析影响教学过程的各种心理因素,寻找教学成败的心理根源,认真找到心理科学和物理教学的切入点和结合点,充分开发学生学习的心理动因,就会全面提高物理课堂教学的质量。

二、物理课堂教学效果的心理影响因素

课堂教学是教师和学生的双边活动,师生的心理活动对教与学的效果有着极大的影响。

(一)心理基础因素

心理基础因素是指课堂前的心理背景,主要是上物理课之前物理课程或物理学习在学生心理上和记忆中产生的印象。

如果学生上物理课之前就听说物理课程是有用的、有趣的,或者听说物理老师有水平、爱学生、讲课好、会做有趣的实验等,那么学生事先就会对物理课和教师有一个好的印象,这些都是有利于学生物理学习的心理基础因素。

在物理教学中,教师要充分利用物理课程中有利的心理基础因素,力求避免和消除不利的心理基础因素。新教师第一次到班级时,如果能做好一个短而有水平的就职讲话、开好一个班会、组织一次成功的活动、上好第一堂课,那么就能为物理课的后续开展建立了心理基础。

(二)心理动力因素

心理动力因素是指在上课前与上课中的心理活动,它可以成为一种推动物理教学进行的动力。

心理动力因素主要表现为好奇心、求知欲和求成欲。对中学生而言,好奇是激发物理学习兴趣的先导。在教学中应该有意识地引发,有效地激发学生的好奇心来提高物理教学的质量,发挥其在教学中的作用。如精心设计好第一堂课,让学生对物理有一个良好的印象。在课堂教学过程中,巧设悬念,引发好奇;利用与学生生活经验相矛盾的事例和实验,激发好奇心;有效地运用各种教学方法和手段,满足学生的好奇心。中学生对不在身边而生活中又需要的、对未来有发展前景的事物,越感兴趣,就越想知道。教师要善于利用上述特点,满足中学生的求知欲。中学生的求成欲常常表现为希望获得成功,希望得到肯定和表扬,这些都是积极的学习因素,是学习的动力。

在中学物理教学中最有效的方法是通过物理学史、物理实验、生活实例来创设情境,满足学生的各种需要。

(三)心理状态因素

心理状态因素是指课堂上师生的精神状态、心境和健康等因素。心理状态因素虽然短暂,但起作用非常重要。教师在课堂上以自己的情绪感染学生,学生学习状态的反馈也影响着教师的心境和情绪。师生上课的心理状态如何是能否尽快进入最佳教学状态的关键。

(四)心理成果因素

心理成果因素是指课堂教学后,师生心理各自留下的印象,它将会对下一次教学产生积极或消极的影响。教师讲得差,学生不想听,整堂课对于教师和学生都是活受罪;相反,教师的课上得好,学生欢迎,就会形成良性循环。

总之,心理成果因素要求教师要善于或经常对自己的教学进行反思。

第三节　物理学习中的观察与记忆

物理学是一门以实验为基础的科学,观察和实验是学习物理的基础。观察是有目的、有组织、主动的认知活动。全面的、正确的、深入的观察事物的能力称为观察能力,它是认知的基本能力,认识复杂的物理现象和物理过程需要敏锐的观察力。学生与物理环境的作用从根本上说始于观察,从观察中获得感性材料。学生的观察能力作为一种心理品质,并不是先天固有的,而是在后天的物理学习中逐渐形成的。

所谓记忆就是学习的保持和再认、再现等,这是一种复杂的心理过程,它包括了识记、保持、再认、再现等。学生的学习活动中,大量知识的接受、保存和提取与记忆紧密联系,这就要求物理教师必须了解中学生学习物理知识时的记忆特点,帮助学生进行科学的记忆,最大限度的提高学生的记忆效果。

一、观察能力的培养

(一)培养观察兴趣

培养学生良好的观察能力应先使学生对观察拥有浓厚的兴趣,使其愿意观察、乐于观察。在教学过程中,生动的演示实验可以吸引学生的注意,激发学生的观察欲望。另外,还要注意培养学生对生活中的物理现象进行探索观察的兴趣。引导学生观察千变万化的自然现象,如观察气候的变化,如雾、霜、雨等的形成,使他们从发现的规律中,产生观察问题的兴趣。

观察是一种物理学习能力,也是一种重要的研究手段。如意大利科学家伽利略通过深入细致的观察,发现了摆的等时性原理。再如,丹麦的物理学家奥斯特通过长期的实验观察,发现了电流的磁效应。作为物理教师,要重视对物理学发展史上成功观察事例的介绍,也要说明认真细致的观察在知识学习及科学发明和发现中的作用。另外,要激励学生观察的主动性,变无意注意为有意注意,变娱乐性的知觉为有计划、有目的、有意义的知觉活动。使观察有效地促进思维,形成能力。

（二）教给学生观察的方法

在物理学习中,学生应该掌握系统观察法和对比观察法。

1.系统观察法

系统观察法包括顺序观察法、分步观察法、角度观察法。

当物理现象和过程由多种因素支配的时候,为了弄清楚各个因素的作用、性质和规律,常采取依次突出一个因素的作用而使其他因素相对固定,然后逐步进行观察。

例如,阿基米德定律实验采用分步观察的步骤为:

第一步,将一小铝块静置在弹簧秤下,观察弹簧秤示数;

第二步,将小铝块一小部分浸入水中,保持静止后再观察弹簧秤示数;

第三步,逐渐增大浸入水中的体积,保持静止后再观察弹簧秤示数;

第四步,将铝块全部浸入水中观察弹簧秤的示数。

2.对比观察法

对比观察法包括异部观察法、异物对比法、前后对比法、分类对比法。对比观察方法是判断哪一因素对现象或过程起支配作用的有效方法。例如,在电磁感应实验中,把铁芯和陶瓷棒插入线圈,观察每个瞬间产生的感应电流情况并比较不同之处,这就运用了异物对比法。

（三）培养学生观察的品质

培养学生观察的品质主要是指培养学生将观察与思考紧密结合起来的能力,只有这样,才能将感性认识上升为理性认识,才能透过现象看本质。观察的品质主要包括观察的目的性、全面性、准确性、敏锐性、持久性和创造性。

1. 目的性

观察的目的性是指观察者应当明确观察的对象、条件、要求以及观察的计划、步骤等。一般说来,学生对实验都充满好奇、乐于观察,但往往比较盲目,这就需要引导学生以特殊方式加工信息,其方法就是依据教学内容与学生原有认知结构之间产生的问题情境,提出观察的总任务,使学生一开始就明确观察的目的。例如,观察滑轮组提起重物是观察重物如何运动,还是观察绳子的段数和绕法。这样就使学生明白为什么要观察、应该观察什么,从而进行有目的的观察。

2. 全面性

观察的全面性是指能从事物或现象的各个方面、从事物或现象的发展过程中进行观察。在空间上同时注意局部和整体;在时间上同时注意现状、过去和未来。对事物间的联系不仅要看到变化的结果,还要看到产生变化的原因。

3. 准确性

观察的准确性是指能正确获得观察对象的有关信息和精确的结果。在观察各种量度工具时,要求能正确的读数,并使读数达到仪器的精度范围。观察者应能从所观察的诸现象中找出差异和区别,精细地分辨出各种事物和现象。例如,在教学中观察温度或观察电表指针的读数,教师要求学生视线一定要正视、不能倾斜。

4. 敏锐性

观察的敏锐性一方面是指观察时迅速做出反应,捕捉住那些稍纵即逝的现象,获得观察对象的有关信息,另一方面指观察时能从平时不大引人注目的现象中发现新的线索,善于发现易忽略或不易发现的东西。研究表明,中学生,尤其是中学低年级学生往往不具备观察力的这一品质。

5. 持久性

观察的持久性是指在观察中需要有不怕困难、持之以恒的精神。因为有些物理变化过程不是短时间能完成的。这就需要耐心地坚持观察。例如,布拉凯特用 q 粒子轰击氮核,从 40 多万条径迹中,最终观察到 8 条分叉径迹,从而实现了原子核人工转变的过程。

中学生往往在观察的开始阶段觉得新奇,一旦新奇感消失,其注意力就容易转移,而其持久性就难以维持。因此培养中学生观察的持久性,也是对学生进行科学态度教育的一个重要方面。

6.创造性

具有观察创造性的人一般能够以多样化的、不寻常的、创新的方式进行观察,还能在观察过程中将观察现象与思维结合起来。

二、记忆能力的特点

(一)有意记忆增加

中学生的有意记忆逐渐占重要地位,但无意记忆还较明显。如对物理概念的定义、物理定律及其公式都能主动去记忆,但对物理现象的发生、变化等还是无意记忆占重要地位。

(二)机械记忆减少

中学生的机械记忆逐渐为意义记忆所代替。如他们对物理概念、规律、公式等的记忆常能去理解或赋予记忆材料一定的意义再去记忆,即意义记忆有了较大的发展。但是,仍有相当的学生采用机械记忆,考试仍以背概念原理为主。

(三)形象记忆强

中学生的抽象记忆虽有发展,但还是不如形象记忆好。中学生抽象记忆能力明显加强,总是力求理解教材的内容和内在联系,找出它们之间的联系。但对一些直观形象的记忆更加感兴趣,记忆效果更好,因而形象记忆优于抽象记忆。

第四节　物理学习中的思维

学生的思维发展是在个体实践活动中,通过掌握知识的过程来实现的,然而这个实现常常是一个漫长的过程,是在不断的实践中经多次分析、综合才逐步深入,并在不断的实践中得到检验、修正、前进而发展的。

一、思维的形式与特点

学生在学习正式的科学概念前,通过对日常生活现象的感知以及长期的经验积累与辨别式学习所形成的对事物的认识,叫做前科学概念,即前概念。前概念中包含对事物的正确认识,但更多的是一些不科学的认识。学生在学习新概念的过程中,同样还会产生新的科学概念和错误概念。前概念中的错误概念与学习新概念过程形成的错误概念混合一起后,在学生头脑中建立起来的特有的一种结构称为相异构想。最终这些总的认识构成学生认知结构中的概念框架。

物理学是一门以观察和实验为基础的科学,而观察和实验离不开思维。学生的智力发展,主要表现在思维的发展上。

初中生正处于形象思维阶段后期,是从具体形象思维向抽象思维过渡的阶段。随着知识的增加、年龄的增长,这种变化越来越明显,抽象思维逐渐占主导地位。这种转变在初中阶段尚未完成,直到高中才完成。这种思维特点为学好物理概念和规律打下基础,而通过物理的学习更能促进其思维的转变。由于学习物理是以观察、实验为基础的,因此在观察与实验中获得感性材料的基础上经过抽象思维才能得出物理概念和规律。

二、思维障碍分析与解决

学生学习物理不仅受自身的心理认识水平和生活经验的制约,而且还受学习内容的概括性、抽象性程度的制约。高中阶段的物理知识具有高度的概括性和抽象性,学生学习时若不能真正把握知识的内涵、联系及其区别,在运用物理知识进行物理思维时会产生一些思维障碍,容易出现乱套公式、张冠李戴、思维混乱等错误。

(一)物理概念混淆障碍

物理上有许多相近的物理概念,它们既相互联系又相互区别。有的学生对它们的物理意义理解不透、区分不清,加上头脑中没有清晰的表象,容易将它们之间的关系简单化。

要克服这种思维障碍,可以抓住两个概念间的差异,从不同的角度突出这种差异,进行区别。一是可以通过列举具体的典型例子加以纠正,使概念深化,找出两者之间的内在联系和区别;二是可以运用图像进行区别,说明在相应图像中各物理量相应的表示。

(二)概念内涵和外延的模糊障碍

物理概念的内涵是指概念所反映的物理现象的本质属性,是该事物区别于其他事物的本质特征。物理概念的外延是指概念所涉及的范围和条件,公式的适用范围和成立条件。任何一个物理概念都是内涵和外延的统一。我们通常所说的使学生掌握物理概念,是指既要理解物理概念的内涵,又要明确其外延。

教学实践告诉我们,使学生弄清概念的内涵和外延是深化对概念的理解、正确运用物理概念解决实际问题的前提条件。但由于物理概念的内涵的表述比较抽象,概念的外延指的是适用该概念的一切范围,故学生在理解或实际运用物理概念时,有时会不自觉地缩小或扩大概念的内涵和外延,因而得出错误的结果。

为了克服这种思维障碍,在教学中必须把基本概念的物理意义讲清楚,讲清公式的适用范围,配合练习加强运用,在运用中进行检查,深化理解,逐步达到正确掌握基本知识的目标。

(三)先入为主的思维障碍

有些前概念是与物理概念、物理规律一致的,这对学生的物理学习有积极的促进作用;有些前概念是错误的,对物理概念的形成、物理规律的正确理解和运用起一定的消极作用,造成一定的学习障碍。这种障碍不仅表现在妨碍概念理解的全面性、完整性,造成对概念的片面理解,还表现在阻断知识间的内在联系,造成认知过程与应用过程的脱节。

有一部分学生容易受前概念的干扰和影响,运用物理概念和规律的思维判断被阻断,不能联系所学的知识。从而凭想当然、习惯性的按错误的前概念进行判断,妨碍了物理概念的建立和巩固。同时,前概念比较顽固,通常需要花费较长时间才能改正的。

前概念往往驱使学生做出想当然的错误判断,阻碍学生对物理知识的掌握。要克服和纠正这类错误观念,可采取如下做法:

其一,讲解概念时,应展开充分的分析、讨论,让学生弄清概念的来龙去脉,明确概念的形成过程,以达到对概念内涵的准确理解和掌握;

其二,加强知识训练环节,反复矫正巩固,加深理解;

其三,用一些生动的物理实验或物理现象给学生以更强烈地刺激,形成鲜明的对比,说明原有观念的错误所在,使原有观念发生动摇,以实现概念的转变。

(四)思维定式障碍

思维定式是指学生运用掌握的知识,形成了一套切实有效的分析解决问题的推理方式和方法,变成了学生的一种能力、一定的思维模式。思维定式不仅具有积极作用,还具有消极作用。

思维定式的形成表明学生不仅掌握了知识,并且也形成了一定的思维推理能力。但是,这种思维定式对分析解决问题能力的发展和提高也具有一定的阻碍作用,这种现象在教学中是很常见的。比如,学生学完高中力学后,解决动力学问题的方法主要有三种:①运用牛顿运动定律和运动学公式,分析简单的匀变速运动的问题;②运用动量定理和动量守恒定律,这是一种普遍的规律;③运用动能定理和能量守恒定律,这也是一种普遍的规律。有许多典型的问题用②和③即可解决问题,但学生仍往往用运动学公式和牛顿运动定律来分析,这就说明这种方法对动量定理和动能定理的知识的理解和提高产生了阻碍作用。另外,对带电粒子在电场中的运动分析中,首先要分析粒子的受力情况,但学生往往直接将重力分析进去,使问题不能得到解决。

要克服这种思维定式,应该注意运用典型的事例加强练习,增强训练的新颖性,增强题目的灵活性,重在提高具体问题具体分析的能力,切实加强审题能力的培养,使学生形成正确的分析习惯和方法,克服想当然的按头脑中的思维套路来解题的不良习惯。

(五)物理公式障碍

学生在运用数学知识解决物理问题的过程中,经常撇开公式的物理意义,忘记公式所表达的物理概念之间的因果关系,从而造成了运用公式分析物理问题的思维偏差。

克服这种思维偏差要强调公式的物理意义,理解公式所描述的物理现象、物理事实之间的因果关系、决定关系。另外,还要明确公式的来龙去脉,突出对公式物理意义的分析,防止将物理公式按单纯数学关系理解,减少纯数值代入计算的训练,让学生善于运用数学知识、数学方法描述物理问题,提高运用数学工具的能力,增强运用数学知识的意识。

(六)类比不当障碍

类比是一种重要的推理方式,但不是一种严密的推理,其推理的结果是否正确还需要经过实践的检验。学生在学习物理的过程中,恰当地运用类比可以帮助学生掌握所学的知识。这样既可以加强知识之间的联系,深化对知识的理解,也可以提高学习的效率,促进思维的发展。但是,不恰当的类比可能会造成思维障碍,如机械波和光波在介质中传播速度大小的决定因素是不相同的,这两者就不可作类比联想。

例如,振动图像和波的图像是非常相近的两个图像,差别在于横轴表示的物理量不同。但学生往往把二者等同起来,画波的图像的变化按振动图像的画法延伸补画,就像是拿一个演员表演当成了整体舞蹈造型。但由于整体造型跟单个演员的表演是两码事,整体造型是由个体演员的表演组合出来的,因此,振动图像随时间的变化和波的图像随时间的变化的画法是不具有可类比性的。学生如果忽略了这一点,其思维的结果就是错误的。克服这种思维障碍的有效方法就是抓住两个现象之间的本质差别,分析其差异,找出类比不具备的前提条件,才能消除这种思维障碍,培养学生良好的类比思维方法。

总之,要想有效克服以上所述的各种思维障碍,就必须认真研究学生思维障碍产生的根源,采取各种教学手段,增强预见性和针对性,切实纠正学生思维过程中的错误偏差,并且在运用中不断巩固、深化、提高思维能力。

第五节　物理学习中的兴趣

兴趣是人类的性格特征之一。一旦引起了学生的兴趣,学生就会产生强烈的求知欲望,表现出积极主动性、坚定克服困难的意志、导致良好的学习效果。因此,物理教师掌握一定的激发学生学习兴趣的方法和理论知识,对提高教学效率、改善课堂环境和减轻学生的负担等都将起很大的作用。

一、兴趣的特点

由于中学学生已经积累了一些生活经验,掌握了一些科学知识,对自然和社会已从比较模糊的状态变得比较明确,他们产生了好奇心和求知欲,从而产生了直觉兴趣。

1. 关注兴趣

物理学习过程中不仅有新奇的现象和有趣的操作活动,更有需要倾注更多主观意志努力的、有预定目的的学习任务。辅助这种有注意力养成的兴趣是直接兴趣连接间接兴趣的桥梁,即关注兴趣。

2. 因果认识兴趣

只有充分利用学生的操作兴趣,多让学生动手,学生的兴趣才能进一步提高。操作之后他们一般想去了解因果关系,得出解释物理现象的结论。一般称这种兴趣为因果认识兴趣。多数高中学生处在这个兴趣阶段。

3.操作兴趣

随着物理课程的发展,学生逐渐不满足于单纯地观察现象,他们会要求通过自己的活动去对现象施加影响。这种兴趣水平比原来的直觉兴趣有了提高,称之为操作兴趣。

大多数初中学生和少数高中生处于这一阶段,但操作兴趣的稳定性较差,对要求了解和探索的物理现象的实质和规律还缺乏浓厚的兴趣。

4.概括认识兴趣

随着学习不断深入,学生将会不满足于了解特定条件下物理现象的因果关系,而且要求了解某一类物理现象的相互关联和一般规律,热衷于归类、分析、概括等思维活动,并想自行探索、亲自动手设计实验。这时学生的学习兴趣已成为学习物理的动机的主要部分,这种兴趣称为概括认识兴趣。

5.直觉兴趣

通过观察新奇的自然现象和教师的演示实验,虽然可以进一步激发这种兴趣,但这只是兴趣的初级阶段,处在这个阶段的学生只满足于感知物理世界、观察有趣的物理现象,但并未产生进一步了解这种现象相关信息的强烈欲望,这就是直觉兴趣。

6.应用兴趣

若学生的兴趣不停留在概括认识兴趣水平,则他们就会经常将概括的物理知识与日常生活联系,甚至应用概括的物理知识解决实际问题,他们的兴趣水平与概括认识兴趣相比,多了应用的意识与将思维成果向实践转化的行为,是比概括认识兴趣更高层次的兴趣水平,这就是应用兴趣。

二、兴趣的培养

1.进行物理实验

物理学是一门以实验为基础的科学,物理概念和物理规律等是建立在实验基础之上的。通过实验操作不仅能满足他们的好奇心和求知欲,还能为学生提供丰富的感性认识,从中也能体会到成功的乐趣,激起他们的学习兴趣。因此,教学中应该充分利用物理实验,让学生去体验物理情景、认识物理规律,让学生从物理规律中去感受、洞察、发现,培养学生对自然界的好奇感,发展他们对科学的探索兴趣,了解和认识自然动力,激发对物理学的热爱和学习的兴趣。

2.进行科学探究

科学探究是在教师的指导和启发下，学生从自己的学习生活和社会生活中选取课题，以掌握的知识和方法为基础，经历科学探究的要素，在自由表达和讨论中解决问题。探究活动不仅满足了中学生的需求，还能保持其与生俱来对未知世界探索的好奇心，还能给学生自由思考、发展的空间，可以充分发挥学生的创造能力。这些无疑是给了他们学习的力量，调动了他们的热情。

3.加强学习方法指导

在学法指导上，不仅要消除学生学物理的紧张心理，使他们克服畏难的心理障碍，还要帮助学生建立物理学习的良好习惯，使学生在物理学习中取得较好的效果，并能经常得到反馈的激励，从而提高和巩固物理学习的兴趣和信心。

4.使用信息技术

信息技术为教学活动提供了新的发展空间，是教学效率和效果得以不断提高的重要物质保证，使教学活动在整体上得到丰富和提升。利用信息技术可以将难以见到的、抽象的物理事实、规律、现象展现出来，丰富学生对物理情境的感性认识，深化他们对科学规律的理解。这样不仅增强了学生的学习兴趣，还开阔了他们的视野。

第三章 物理教学过程、原则与方法

正确认识和理解物理教学过程、熟练掌握和运用教学原则、教学方法，对于有效进行教学工作、不断提高教学质量具有非常重要的意义。

第一节 物理教学过程

教学过程是学生在教师指导下，通过个体的学习活动来掌握科学知识、发展能力、提高素质和逐步认识客观世界的过程。教学过程的概念和特点，历来是教学论研究的重要领域，只有正确认识和理解教学过程的相关理论，才能制订出符合客观规律的教学原则，为确定选择教学方法提供理论依据。

一、教学过程的含义

教学理论和实践表明，只有正确认识和理解中学物理教学过程，才能掌握中学物理教学的特点和规律，这对于有效地选择、正确地运用物理教学原则和教学方法具有重要意义。关于教学过程，从不同的角度和观点来看，可以有不同的认识和理解。

（一）教学过程的本质

教学过程是一种认识过程，它与人类的认识过程有一定的一致性。这种一致性主要表现在学生认识活动的认识基础、认识目的以及认识过程等方面。从这个意义上来讲，教学过程应受人类一般认识过程的规律所制约。

与人类的一般认识过程相比，教学过程的特殊性主要表现在：

1）引导性，即教学过程的认识活动是在教师的指导下，有目的、有计划进行的，而不是学生独立完成的；

2）有序性，即人类的认识过程往往表现出具有一定的跳跃性和曲折性，而教学过程中的教学体系是以学科的逻辑性和学生年龄特征有机结合而成

的,具有较强的序列性;

3)间接性,即教学过程是运用间接的方式学习和掌握间接的经验;

4)简捷性,即教学过程不是简单地重复前人创立这种知识的全部过程,而走的是一条认识的捷径,是一种经过专门设计的、简化的、缩短的认识过程。

显然,认识教学过程的这些特殊性,有助于我们更好地遵循教学过程的客观规律来组织教学。

(二)教学过程理论

在不同的历史时期,我们对教学过程有不同的认识。回顾历史,自出现班级教学以来,比较典型的、影响较大的教学过程理论主要有以下三种:

第一,教学过程是教师向学生传授知识、技能、技巧的过程。在这个过程中,教师被认为是知识的占有者,教师的作用处于完全主动的地位,而学生则处于完全被动的地位。教师主要通过讲解来传授知识,学生则是接受、重复和记忆。

第二,教学过程是教师向学生传授知识和培养能力的过程。在这样的教学过程中,教师和学生的地位有了一定的变化,例如要强调启发学生的思维,激发学生学习的自觉性和积极性等。但此过程仍然是以教师的讲授为主,学生在许多方面仍然处于被动的接受地位。

第三,教学过程是在教师的指导或引导下,通过学生自己的学习活动来掌握文化科学知识,发展认识能力,形成科学世界观和良好的道德品质的过程。在这种教学过程中,学生是认识的主体,是生动活泼、具有独特个性、富有进取精神和创造潜能的知识的探索者。学生完全能够通过自己的努力发现问题、解决问题,并且只有通过自己的学习,才能获得真知,其能力、品质等也才能得以充分地发展。教师在教学过程中应是一个引导者,主要给学生创造研讨问题的环境,提供必要的材料,让学生自己发现问题、解决问题,使他们成为知识的再发现者,而不是知识的接受者。这样,教学过程也可认为是使学生从"学会"到"会学"的过程。

中学物理学是以观察和实验为基础的科学,有严密的理论与逻辑体系,是一门与方法论关系密切的实验性科学,因此中学物理教学过程也有自身的规律和特点。一般地说,中学物理教学过程是根据一定的教学目标和学生身心发展的特点,在教师的指导下,运用各种教学手段和方法,使学生经历各种活动认识物理世界,掌握物理学的基础知识、结构和方法,训练相关技能,促进学生全面发展,形成辩证唯物主义的世界观,培养高尚的思想道德品质和良好个性的过程。

(三)教学过程是一个多边互动的过程

教学过程是一个多边互动的过程,即教学过程是教师与学生间相互作用、共同掌握知识、寻求共同发展的多边互动过程。在教与学的关系上,我们要更加强调学的核心地位,教是为了促进学。中学生的认知、个性、社会性都得到了充分发展,他们已经掌握了比较丰富的学习策略,具有比较强烈的自尊心和社会交往愿望,交际能力进一步加强,于是决定了他们更适合合作学习。

合作教学以研究与利用课堂教学中的人际关系为基点,以目标设计为先导,以师生相互合作为基本动力,以小组活动为基本教学形式,以团体成绩为评价标准,以标准参照评价为基本手段,以大面积提高学生的学业成绩和改善班级内的社会心理气氛、形成学生良好的心理品质和社会技能为根本目标的一种教学理论。

合作学习认为,课堂上所发生的一切行为,几乎都是在教师与学生互动情境之中。合作学习倡导教师与学生进行多边互动,由此推动教学过程的演进。实践研究表明,课堂上有效的合作可以提高学生的学业成绩,增强学生高水平的学习动机,改善学生之间的关系,发展学生在现实生活中必须的各种技能,进而提高学生的民主意识。

要提高合作学习的有效性,需要注意以下几点:

1)教师要留给学生足够的时间以确保充分的交流和表现;

2)规范操作,小组内角色要轮流担任;

3)小组发言人代表的是本组的意见;

4)采用异质分组的原则合理分组,一般 4～6 人为一组,且一学期调整一次小组划分。

(四)教学过程是一个促进学生发展的过程

现代教学理论认为,教学过程中的掌握知识和发展能力是辩证的统一,即掌握知识是发展能力的前提条件,发展能力则是掌握知识的先导和加速剂,促进学生的全面发展是教学过程的一个重要特征。在教学过程中,学生掌握了知识并不等于他们一定接受了知识中的能力因素,即使学生在掌握知识的同时接受了知识中的能力因素,也存在着接受多少的问题。因为对于相同的知识,可以有不同的组织和传授方式,因而导致其能力价值的再现程度不尽相同。教学过程是一个复杂的脑力劳动过程,这个过程效果取决于学生参与活动过程的情况,只有当学生整个身心投入到教学过程中时,才能收到良好的教学效果。

物理教学过程作为一般教学过程的重要组成部分,和一般教学过程相比既具有共性,也具有个性。因此,运用教学过程的一般规律,结合物理学科的特点,去认识物理教学过程的特殊性,是建立最优化物理教学过程的前提。

物理教学过程是根据一定的培养目标、教学目的和学生身心发展的特点,在教师的指导下,运用各种教学手段和方法,使学生经历各种活动认识物理世界,掌握物理学科的基础知识、基本结构和基本方法,训练基本技能,促进智力、能力和非智力因素的全面发展,形成辩证唯物主义世界观基础,培养高尚的思想道德品质和良好个性的过程。

二、中学物理教学过程的特点

中学物理教学过程的特点,既是一般教学过程特点的反映,又是由物理学本身的特点、物理教学目的和学生物理学习特点共同决定的。具体来说,中学物理教学过程有以下五个基本特点。

(一)以观察和实验为基础

观察和实验作为一种手段,特别是作为一种物理学的基本思想或基本观点,在物理学的形成和发展中起着十分重要的作用。物理学研究中的观察和实验的思想和方法,必然影响和制约着物理教学过程。

物理教学必须建立在观察和实验的基础上。在物理教学中,观察和实验是学生获得感性认识的主要来源,它为学生进行物理思维、实现从感性认识到理性认识的飞跃提供了必要的手段,有助于学生深刻理解物理知识是在怎样的基础上建立起来的,使他们学到的物理知识不致于成为无源之水。

另外,要有计划、有目的地利用观察和实验来组织教学,激发学生学习物理的兴趣。这是训练和提高学生的实验技能以及培养学生的观察能力和实验能力的基本途径和重要手段。

中学物理课程标准非常重视学生观察和实验能力的培养问题,主要表现在:

1)明确提出了培养学生观察、实验能力的要求,要求学生"知道实验目的和条件、制定实验方案、尝试选择实验方法及所需要的实验装置和器材、考虑实验的变量及控制方法"。

2)要求学生动手做好实验并重视收集实验数据,要充分体现学生自主性和时代特征。

3)要求物理教师做好演示实验,指导并鼓励学生多做一些课外小实验,把所学的知识和技能运用于实际,切实培养学生的实验操作能力,激发并保持学生的探究欲望。

(二)以概念和规律为中心

必须特别重视物理概念和规律的教学,使之成为教学的中心之一。重视和加强物理概念与规律的教学是学生掌握学科基本结构的核心,而学生理解和掌握了学科的基本结构,不仅能使学生通过自己的努力生成全方位的物理图像,还能有助于学生知识的系统化,发展其记忆力,形成良好的认知结构,促进知识的迁移和缩小高级知识和低级知识之间的差距。

由于物理概念和规律是建立在观察和实验基础上的抽象思维的产物,因此,它也有助于训练和培养学生多种能力。

(三)以数学方法为重要手段

数学的运用具有三种独特优点:

第一,具有的高度概括性特征,为描述具有深刻内涵的物理概念和规律提供了最佳表达形式;

第二,具有简捷而又严密的逻辑思维方式,简化和加速了人们进行物理思维的进程;

第三,作为计算工具所表现出的严密性、逻辑性和可操作性等特点,在物理理论的建立、发展和应用等方面更显示出重大的作用。

因此,在物理教学中,充分发挥数学方法和数学思维在处理、分析、表述和解决物理问题中的作用,引导学生自觉地、有针对性地将物理问题和数学方法有机地结合起来,真正做到既能把物理问题转化为数学问题,又能从数学表达式中深刻领悟其中物理问题的内涵,而且能运用数学方法解决物理问题。只有这样,才能使学生真正理解和掌握物理知识,并在这个过程中逐步提高学生分析和解决物理问题的能力。

(四)以辩证唯物主义思想为指导

物理教学过程中处处都渗透着丰富的辩证唯物主义思想,这种思想一方面影响和制约着人们进行物理思维的方式和进程,同时也影响和制约着人们科学世界观的形成和发展。无论是从传授物理知识的角度,还是从对学生进行思想教育的角度来看,物理教学过程都必须以辩证唯物主义思想为指导,并以此来揭示和阐述物理概念、物理规律的内涵和外延,只有这样,才能使学生在长期的教学中受到潜移默化的辩证唯物主义世界观和方法论的熏陶。

物理学中虽然隐含有丰富的辩证唯物主义思想,但在物理教学过程中,传授了物理知识就自然而然的培养了学生辩证唯物主义的思想和观点。这不仅仅是因为在不同的知识结构中,其辩证唯物主义思想隐含的程度不同,即使是对某一特定的知识结构,这种辩证唯物主义思想的再现程度也还要受到组织和传授物理知识方法的制约。

(五)发展学生的情感、态度、价值观

教学过程是培养学生全面、和谐、健康发展的过程。教学要面向全体学生,它不仅要指导学生学习物理基础知识,而且要培养学生的思维能力、想象能力和创新能力等,还要在教育教学中渗透情感教育,使学生在心智发展的同时,磨砺意志、陶冶情操、提高人文素养,把教育成功落实到每个学生的身上,帮助和促进不同层次的学生在学业的提高和人格的形成等方面都获得成功。这就要求教师做到面向全体学生,关注每一个学生的学习过程及发展的可能性,同时关注学生思想、情感和道德品质的形成过程,让教学过程为学生全面发展和终身发展奠定基础。

(六)培养学生对社会的责任感

注重培养学生的科学精神与人文精神的融合,关注人与自然、社会的协调发展。物理教学应重视渗透物理学与科学技术、社会的密切关系。帮助学生了解物理学在科学技术发展中的重要作用,引导学生关注科学技术的发展给社会带来的负面效应,增强学生的社会责任感和尊重客观规律的科学态度,树立正确的价值观。

因此,在物理教学过程中,必须注意以下几点:

第一,提供多种信息,丰富物理课程内容。教师应选取大量结合实际的事例,丰富和充实物理课程的内容。当然,教师不可能将数量庞大的信息在有限的时间内提供给学生,因此许多内容可以精选、精讲,而有的可以点到为止,更多的内容让学生通过阅读教科书和补充材料,收集各种形式的信息,通过调查研究等方式进行学习。

第二,提倡课堂教学活动和社会实践相结合。物理教学不应仅仅局限于课堂教学和书本知识的学习,而是通过多种形式与课内外、校内外活动的紧密结合,让学生广泛接触社会和生活,激发和保持学生的学习兴趣。

第二节　物理教学原则

教学原则是依据已发现的教学规律和一定的教育目的,对教师和学生提出的在教学过程中必须遵守的基本要求。教学原则既是教学规律的反映,也是社会要求的反映。

如果从教育学的角度分析,可以依教学的思想性与艺术性、科学性与人文性、传授知识与发展智能等相统一的要求,提出教学全面性原则;根据教学应在保证基本知识及基础理论学习前提下,依学生特点,采取包括利用乡土教材作补充等多种有效方式,培养学生运用知识于实践的能力等要求,提出实践性原则;此外,还有有序性原则、主动性原则、趣味性原则等多种提法。

一、科学性原则

科学性表现在物理教学过程中教学思想、内容、方法的正确性、准确性与先进性。

(一)教学思想的科学性

在物理教学的全过程中,学生都应当是学习的主体。我们认为:坚持以人为本,树立全面、协调、可持续发展观,促进经济社会和人的全面发展,是科学发展观的本质和核心,也是当代教育发展理念的本质和核心。实际经验表明,要使物理课程的教学成为学生全面发展的基本途径,除了充分看重学生的人格、尊严和权利之外,还要让学生依靠自身的和谐,主动参加物理学习和探究。也就是说,物理教学过程中,教师与学生的一切努力说到底,就是为了实现学习主体——学生在心理行为上发生自我调节,发生知识的正迁移,从而培养能力,提高物理科学素养。

另外,物理教学应当体现物理学科独特的基本观点。它们是:

(1)实验的观点。靠观察来研究物理对象一般不确切,难以发现内在规律和本质性的东西。只有实验,而且只有重复实验的验证,才能对被观察的客体做出较正确的判断。

(2)量的观点。物理学总是力求能够定量分析,尽可能从数量的关系上去把握物理意义,去挖掘其内涵和开拓其外延,从而更深刻地认识其本质规律,这样可以培养学生运用数学知识对物理问题进行分析计算的能力。

(3)统计的观点。物理学认为物质的宏观特点是大量微观粒子行为的集体表现,宏观物理量是相应微观物理量的统计平均值。物理学研究物质客观现象的本质时,是根据物质结构建立在宏观量与微观量之间关系的基础上,一般都采用统计方法去分析和解决问题。

(4)守恒的、对称的观点。物理学认为,自然界运动及其转化的守恒性具有两个不可分割的含义:一是自然界各种物质运动形式的转化,在质上也是守恒的。另一方面,改变空间地点、方向或改变时间,物理规律不变;而把物理规律做"平面镜成像"式的空间反演或者经"时光倒流"式的时间反演,有些情况规律不变,有些情况规律发生了变化,前者称为"对称",后者称为"破缺"(即不对称)。研究表明,每一种时间变换的对称性都对应一条守恒定律。当物理理论同实验发生冲突或物理理论内部出现悖论时,往往会发生一些对称性的破坏,即破缺,这时从更高的层次上建立更加普遍的对称性。

(二)教学内容的科学性

教学内容包括使用教材的内容和师生在课堂上进行双向交流的内容。

首先,教材所体现的知识结构体系是科学的,即教材中所阐述的物理概念和规律应当有充分的事实依据,物理定理、结论的推导要有正确的逻辑推理。而且,从教材整体上看,不仅讲清楚学生在各学习阶段应知应会的基本概念和规律、物理的基本观点和思想以及物理实验的一些基本技能,而且提及物理学的发展历程,使学生能够关注物理学对经济、社会发展的影响以及物理学与其他学科之间的联系。

其次,教材对物理教学具有科学性,即教材内容的选择、知识结构的编排要符合学生智能发展的规律,要符合学生心理认知规律。在初中,要"改变学科本位",有意淡化物理学科知识体系特有的逻辑结构,而在普通高中的物理教学内容中这种"淡化"应当减弱。到了大学阶段,为能科学地给物理专业的学生提供完整的物理知识结构体系,则应必须强调教学内容的逻辑结构。这是因为当教材的逻辑与学生的心理逻辑一致时,学生就会对这种"心理化的教材"产生浓厚的兴趣,从而主动积极地学习。

师生在课堂上进行双向交流内容的科学性,包括两条:一是表述的物理知识内容要准确无误;二是阐述物理规律要讲究逻辑思维的严密。要对每一个物理现象、物理概念、规律都能正确地理解,并能准确地运用物理术语或图示表述出来。

(三)教学方法的科学性

在中学物理教学过程中,不仅要注重对学生的启发教育,还要要符合学生认知规律,做到这两点的教学方法才是科学的。

教师在物理教学过程中,为创设利于学生发挥学习主体作用的情境而做的一切努力,包括展示的现象、所做的提示或诱导、列举的问题等等,是否具有启发性,这一点最重要。只有具备启发性的东西,才可能引起学生学习的注意、思考的兴趣,进而主动地去领悟、去理解、去应用。

学生要经历科学探究过程,认识科学探究的意义,尝试应用科学探索的方法研究物理问题,验证物理规律。在这个过程中需要教师合理的诱导、精心地组织安排,比如问题的设计、实验仪器的安排、物理情境的创设等等,从而启发学生积极主动地进入探究式学习。

凡是符合学生认知规律的教学方法都有存在的价值。就科学性而言,"循序渐进"是不应当被忽视的。中学物理教材的编写是按问题从易到难,从简单到复杂的顺序步步深入的。经常地复习巩固,及时发现和补救在知识与能力中的缺陷,使教学连贯进行下去,使中学生学习物理从不懂到懂,从懂到熟练掌握,从学会到会学……这就是循序渐进。

总之,不论是教师教物理还是学生学物理,只有符合学生认知规律的方法,才是科学的。

二、主动性原则

在建构主义学习理论指导下的教学模式是以学生为主体,利用环境、协作、会话等学习环境要素,充分发挥学生的主动性、积极性和首创精神,最终使学生有效地实现对当前所学知识的意义建构。在这种教学模式中,教师是教学过程的组织者、指导者、意义建构的协助者、促进者。

在中学物理教学中,要贯彻教师指导作用与学生学习主动性相统一的原则,其要求是:

第一,教师要善于激发学生的学习兴趣,助其形成正确的学习动机。学生的学习是一种能动的活动,它是在各种动机的影响下进行的,经常受学生的认识、愿望、情感的心理活动的支配。培养学生的学习兴趣,形成他们学习的内部诱因。学习动机与学习目的有密切的联系。实践证明,学生对即将进行的教学活动的意义和学习目的认识越明确,学习兴趣就越高,注意力就越集中,学习效果就越好。

教师的指导作用主要表现在能激发学生的求知欲和学习兴趣,培养学生在学习上的责任感。首先,教师在教学中以丰富、有趣、逻辑性、系统性很强的内容和生动的教学方法吸引学生的学习。其次,教师本身的情感更具有很强的感染力,如果教师有强烈的求知欲,热爱物理学,以饱满的情绪带领学生探索物理世界的奥秘,就会对学生的学习兴趣和情绪产生积极的影响。

第二,要培养学生自主探究的能力,养成良好的学习习惯。学生学习的自觉性、积极性不仅表现在对物理学习必要性的认识和具有强烈的物理学习兴趣和需求上,而且还表现在能开展独立思考,具有自主学习的能力上。在教学中,教师要利用谈话、讨论等方法来启发学生把握方向、认真钻研、获取结论,逐步减少对教师指导作用的依赖性,这样才能逐步调动学生学习的主动性、积极性和创造性。

第三,注意创设问题情景,启发学生积极思考。学生的积极思维常常是从遇到的问题开始的,教师应为学生创造独立思考的条件。为此,教师要根据教科书的特点和学生的实际、不断提出难易适度、环环相扣的问题,引导学生积极思考。

三、趣味性原则

趣味性是指教师乐教学生乐学而且共同创设愉快的物理学习情境。物理教科书中有许多成比例、有组织、呈对称、简单、和谐与多样统一的内容,它们被表现在理论体系、科学概念、数学方程的结构和系统中,表现在逻辑结构的合理匀称和丰富多彩的相互联系里,表现在若干观察与实验的新鲜奇妙上,能激发人的兴趣、喜悦和精神上的满足,激发起求知的欲望和创造的热情。

如果师生在物理教学过程中,视教与学的活动为一种崇高的使命,就会倾注深厚的感情,那么教师和学生就会从所教所学的内容中悟出一种"科学美",从而获得一种美的享受。而他的"倾注"、"努力"所表现出来的也就是敬业,敬他从教的业或学习的业。因此,把趣味性归还给学习过程实际上是要求做到教学过程中美感的互通、敬业的互通。教师要怀美而教,学生要求美而学,这就要求我们努力挖掘中学物理教材中各种美的因素,各种充满趣味性的内容,适时地激发起求知的欲望和创造的热情。

教师上课时对学生的热爱、理解和期待的美意表现在精心设计的教学程序、巧妙构思的设问或演示,还有规范的操作、工整的板书、和善的态度等等,从而激励和感动学生。学生学习时对祖国人民和老师的责任感、信任和爱戴的美意表现在对物理学科知识学习的必要性,在学习中既专注又主动,通过积极认真地钻研,进一步感悟学物理的乐趣,从而支持和感动教师。

值得注意的是,新"课标"指导下的中学物理教材,从学生熟悉的内容出发,以对话和讨论提出物理问题;设计旁白、点评、小资料等来增加内容的可读性;采用彩版印刷、穿插精美图片、增加大量信息使教材图文并茂。

四、有序性原则

有序性原则是指教学活动要按照学科的逻辑结构和学生身心发展规律,有次序、有步骤地进行,以期使学生有效地掌握系统的知识,促进身心健康发展。

有序原则在教学中的应用体现在中学物理课程标准和教科书的具体内容上。它要求课程标准和教科书的内容必须保持最合理的体系和结构,要依据学科的逻辑顺序和学生不同年龄阶段发展的顺序特点编写。教科书的每一部分都要有逻辑联系,后面的内容应建立在前面的内容的基础上。

教师在把书本内容具体化为适合教学活动的教学内容时,应把学科结构改造成适合某一学习阶段学生能普遍接受和理解的形式,使其范围、深度、进度能同自己的教学对象的实际水平相适应。

在教学中,贯彻有序性原则,应遵循以下要求:

第一,教学过程的有序性。有序性原则还要体现在拟定教学进度计划、安排阶段总结、组织课外学习活动等过程中,但最重要的还是要抓好课堂教学的序。一般说来,课堂教学要遵循一定的教学秩序,但教师又不能把课堂教学基本阶段的某种顺序绝对化,而是要根据教科书的特点、学生的认识水平、学习程度和教学的物质基础条件来安排讲课顺序。在教学过程中,教师要善于把教科书的内容化难为易,化繁为简;坚持由近及远,由已知到未知,深入浅出的讲授,使学生顺利地掌握。

第二,教学内容的有序性。教师必须掌握好教学内容体系,掌握知识与知识之间的衔接关系,并把它很好地反映在教学设计中,力求使新教材与学生已有的知识密切联系起来,逐步扩大和加深学生的知识。但是,在教学实践中,还必须突出重点和难点。学生真正掌握了教学内容的重点,就能以点带面,举一反三;理解难点,就可以突破学习障碍。所以教师应在教科书的重点和难点上多下功夫。

第三,学生学习的有序性。有序性原则,既要体现在教师的活动上,还要体现在学生自身的学习中。学生的学习是一个循序渐进的过程,应该日积月累、系统地进行学习。因此,教师应通过系统传授知识和必要的常规训练,培养学生踏实、系统学习知识的良好习惯。学生在学习过程中,要学会合理地规划学习活动,对所学知识的漏洞或缺陷应及时弥补。坚持在掌握前一段知识后,在进入下一阶段的学习。这样,才能顺利地掌握系统的知识和技能。

五、实践性原则

实践性是指由物理学科特点和中学生认知规律所决定的教学实践;还有由物理与技术、物理与社会紧密联系所决定的教学实践。

通常,物理学家总先通过观察与实验认识物理对象特征,再凭借理性思维提出假说,建立理想模型,运用数学对假说进行定量描述,最后还要用观察与实验对定量描述的内容加以检验和修正,使假说成为科学结论,即完成第一层次循环。随着研究的深入,可能会出现一些理论解释不了的新问题,需要采用更先进的研究手段,从而进入下一个层次的循环,以达到认识的深入和理论的更趋合理和完善。可见,物理学是以科学观察与实验等实践活动为基础建立起来的科学,物理学的这一特点决定了物理学的概念、规律都植根于观察与实验。

中学生学习物理要先获得感性认识,通过观察实验,再现生动、鲜明的物理事实,使教师要教、学生要学的物理知识被活化和物化,这对智力发展水平处于"过渡期"的中学生来说,无疑是必不可少的。不重视观察与实验的物理教学是没有完成教学任务的教学;不重视引导学生观察与实验的教师是不负责任的教师;不重视观察与实验的学生是难以学好物理的学生。

实践性原则还要求我们,要坚持物理与技术、社会联系的教学实践。物理科学提供知识、解决理论问题;技术提供应用知识的手段和方法、解决实际问题;社会则要求以一定的价值观念作指导,使物理科学与技术相结合真正造福于社会。众所周知,技术的设备、工艺和相应工程都运用到物理学知识。然而,物理与技术的结合,并不全是造福于社会的。比如,核武器是物理与技术结合的产物,它至今仍在威胁着地球的生存与人类社会的安宁。科学技术是一柄"双刃剑",用得不好,它不仅不能造福于社会,反而会祸害社会。虽然物理科学理论本身不具有情感、态度与价值观,而物理知识的应用要面向社会,应用物理知识的人具有情感、态度与价值观,因此,我们的物理教育、教学必须坚持把物理知识与现实的生产、生活联系起来,把学习与应用联系起来,让学生在实践中培养起正确的社会责任感、正确的情感、态度与价值观。

六、全面性原则

物理教学中,全面性原则是指师生在认识和做法上要考虑周全。

(一)知识、能力和科学素养的全面提高

物理知识的教学是中学物理教学乃至大学物理教学的主要内容和形式,但它不是唯一的,学生各种能力与科学素养的发展要渗透于其中。学生通过演示和各种类型的实验教学,培养自身的观察、实验能力;通过形成物理概念、掌握物理规律的过程,培养自身的各种思维能力;通过物理教材内容中客观存在的辩证唯物的思想、各种科学美的因素、各种严谨求实的事例,陶冶自身的高尚情操与品德……而相当数量的渗透就足以使人能够感知方法并获得各种能力,进而通过不同学科所培养的同一能力的内聚,进一步提高对科学知识以及科学研究过程的理解。另外,对科学、技术和社会三者相互影响的理解,也进一步提高自身的科学素养。因此,知识的学习、能力的培养、科学素养的提高,是需要而且可能在物理教学中统一起来的。在物理教学过程中,无论是教还是学,都要把知识、能力、科学素养三者统一起来。

(二)因材施教,面向全体

中学物理教学必须面向全体学生,注重全面打好物理知识的基础,使每个学生都能有效地学习物理。另外,要承认差异,并根据具体存在的差异,采取不同的教学方法,因材施教,让学生的个性特长在教学过程中得到发展,从而促进物理学习。

就大学物理教育而言,理工医农类的大学专业均开设有物理课程,而一些人文学科专业在提倡综合素质教育、搞课程改革的试验中,也有把大学物理中的一些内容选进该专业的教材中的或列入选修课程的。但在大学里,更提倡自主学习,教师的主要责任在于告诉学生,如何去发现自己在物理学科知识方面的不足,然后主动去调整和完善自己的知识结构。

(三)继承且发展

学生们学习的是前人总结的物理知识和物理技能,这是继承。大量调查表明,学生们离开学校后,很难记住也不会用到很深的物理知识和专业性很强的物理研究方法,他们能够长期记住和受益的是物理学使用的、物理教学倡导的科学思想方法,和物理教学所培养的能力以及非智力因素的发展。

因此,我们要既看到物理学为其他自然科学和工程技术的奠基,又看到物理学科的文化教育功能,让接受物理教育的每位成员视角更新、更全面。另外,只有学生的自学能力提高了,懂得学什么和怎样学了,其智力水平才算真正提高了。也只有达到这一目标,物理教学才算是成功的教学。

第三节　物理教学方法

教学方法是为实现既定的教学任务,师生共同活动的方式、手段、办法的总称。它具有服务性、多边性、有序性三个主要特征。教学方法是教学过程中一个十分活跃的关键因素,对于完成教学任务、实现教学目的起着决定性的作用。在物理教学过程中只有正确地选择、恰当地运用教学方法,才能取得良好的教学效果。

一、物理课堂教学的基本技能

物理课堂教学包括引入、展开与总结这三个教学环节,中间还需要教师合理的监控。

（一）课堂引入

课堂引入是指在课堂教学开始时,教师引导学生进入学习的行为方式。成功的课堂引入能集中学生的注意力,引起学生的学习兴趣,达到承上启下、开宗明义,把学生带入物理情境,调动学生积极性,为完成教学任务创造条件的目的。引入所选的材料要紧扣课题,且是学生熟悉的,即与教学内容和学生实际相适应。利用生活中趣味、新奇的事例、紧迫的问题,引入新课,让学生产生强烈的探究心理和学习兴趣。需要注意的是,引入要能启发学生去发现问题,调动学生积极主动地思考。

实际教学中,中学物理教师常采用:

（1）直接引入法。

直接引入法是指直接道出本节的课题。该法操作简单容易,但效果一般都不好。因为新课内容对学生是陌生的,这种方法既联系不了前概念,又引不起知识的迁移,更激不起学习的兴趣。

（2）资料导入法。

资料导入法是指用各种资料（如物理学史料、科学家轶事、故事等）,依教学内容,通过巧妙地选择和编排来引入新课。用生动的故事将学生的无意注意转化为有意注意,思维顺着故事的情节进入学习物理的轨道。

(3)问题引入法。

问题引入法是指针对所要讲的内容结合生活实际或已有的物理知识,设计一些能引起学生兴趣的问题来引入新课。

(4)实验引入法。

实验引入法是指通过演示实验学生边学边实验来展现物理现象引入新课。它使抽象知识被物化和活化,而且创造的情境让学生由惊奇、沉思到急于进一步揭露实质,达到引入新课的目的。

(5)复习引入法。

即通过对已学知识的复习,引导学生进入新课的学习。通过复习,找出新、旧知识的关联点,然后提出新课题,让学生的思维向更深的层次展开,这叫温故知新,它能降低学生接受新知识的难度。

此外,还采用类比方法引入,猜想引入法等。

在倡导"探究式学习"的今天,"引入"阶段与"展开"阶段之间,是学生对提出的问题进行尝试性的判断或解答,即"猜想与假设"。有经验的物理教师常常利用同学们积极提出的"猜想和假设",很自然地过渡到课堂教学的展开。

(二)课堂教学的展开

当教师带着饱满的感情,用一些具体材料提出本节课要解决的物理问题后,教师把学生带入一种物理学习情境,学生急切想知其所以然,课堂便充满了生机和活力。这时,课堂教学就转入了分析问题、解决问题的中心环节。

物理教师的工作是要考虑如何把物理问题展开,即把已经由物理学家建立起来的理论体系,按照一定的方式向学生展开,使学生能更好地接受。对物理问题的展开有实验展开和逻辑展开两种方式。

第一种为实验展开运用,即问题—实验—观察—原理—运用,突出以实验为主要手段,创设与物理问题对应的物理情境。

第二种,逻辑展开运用,即问题—结构(1)—原理—结构(2)—运用,突出逻辑结构的分析,由物理问题引向知识的建构。

凡能用实验展开的物理问题,都尽可能采用实验展开,让学生通过对物理知识的物化和活化,求得感知。但诸如速度概念、能的概念的教学,难以物化或活化,则采用逻辑方式展开更为有效。

对物理问题展开的过程中,会遇到说明、论证和反驳。

1.说明

把物理事物的性质、功能、关系、种类等试图解释清楚的表达方式就是说明。一些用实验或逻辑方式得到的概念，不是用一句简短的话就能定义，就需要释义；一些十分抽象的概念，为使学生头脑中形成具体、鲜明、深刻的印象，就要举例说明；在叙述物理现象、事实和原理时，为求得形象、直观、生动、活泼，加一些合理的修饰成分，这就是描述；为使深奥的道理浅显易懂，可利用贴切的比喻；为揭示易混概念之间的本质差异，以帮助学生建立起清晰、准确的概念，可运用比较。释义、举例、描述、比喻、比较等都是物理教师课堂教学展开时常用的说明方式。

2.论证

论证是指从一些判断的真实性，进而推断出另一些判断的真实性的语言表达过程。比如，用实验呈现的某物理现象或事实，要通过它们寻求规律，至少需简单枚举归纳推理才能总结出来；有些物理规律需从已知的原理、定律运用演绎方法推出；为了给抽象的物理事实提供一个类似的比较形象直观的模型，从而实现知识的迁移，常使用类比推理。归纳、演绎、类比等都是物理教师课堂教学展开时常用的论证方式。

3.反驳

确立某个论题虚假性的论证即为反驳。比如，学习牛顿第一定律时就要反驳亚里士多德的错误观点。讲评试卷和练习结果时，也常常需要反驳各种错误的答案。为了使反驳有说服力，要求立论明确，论据真实、充足，正确运用推理形式。可见，课堂教学的展开，必须掌握一些逻辑思维方法。

物理教师的课堂展开应当尽可能地发挥学生的主体作用。比如，以实验方式展开时，教师首先引导学生设计出能够研究所提出的物理问题的实验，然后根据自己的设计去做实验，去归纳得出结论；而以逻辑方式展开时，教师以问题开头，引发学生积极参与思维，以问题穿针引线，推动学生思维深化，最后形成新的物理认知结构。这样的展开就能让学生积极参与学习的过程，从而使其在观察实验、思维判断方面都能有所发展。

(三)课堂总结

物理课堂中的对每一个问题讨论的结果应有一个总结。这样做，不仅能使所学的知识条理化、系统化，使学生获得清晰而深刻的印象，并强化记忆；还能适当地将知识引申拓宽，促使学生的思维活动深入展开，激发继续学习的积极性。物理课堂总结常见的有首尾照应式、系统归纳式、针对练习式和比较记忆式四种形式。

(1)首尾照应式。

对照新编的中学物理教科书,我们可以通过情景创设问题或书中一开头就提出的问题,用设置悬念的方式引入新课。而在该节课结尾时,引导学生应用所学到的知识,分析解决上课时提出的问题,消除悬念。这样做,既总结、巩固和应用了本节课所学到的知识,又照应了开头。

(2)系统归纳式。

系统归纳式是指在课堂活动结尾时,利用简洁准确的语言、文字或图表,将一节课所学的主要内容、知识结构进行总结归纳。这可以准确地抓住知识的内涵和外延,体现纵横关系,有助于学生掌握知识的重点及知识的系统性,有利于学生记忆和利用。这种总结方式比较容易掌握,在实际的物理教学中用得较多。但从形式上看有些死板,对知识密集的课题运用它,才能较好地显示出它的优越性。

(3)针对练习式。

针对当堂所需巩固、强调的新知识,除精选例题讲解外,又精选练习题让学生在课堂上求解,这就是针对练习式。

(4)比较记忆式。

"比较"是认识事物的重要方法,也是进行识记的有效方法。它可以帮助我们准确地辨别记忆对象,抓住它们的不同特征进行记忆,也可以帮助我们从事物之间的联系上去掌握记忆对象,抓住它们的关系进行系统化记忆。比较记忆式是指将本节课讲授的新知识与具有可比性的旧知识加以对比。同中求异,掌握事物本质特征加以区别;异中求同,掌握事物的内在联系加以深化。以此帮助学生加深对所学知识的理解和记忆,开拓思路使新旧知识融会贯通,提高知识的迁移能力。

(四)物理课堂教学的三个环节间的关系

有人把课堂教学的三个环节及相应的步骤设计成下列图示,如图 3.1 所示。

(五)课堂提问与调控

在课堂中,无论在引入阶段、展开阶段还是总结阶段,向学生提出问题,要求思考和回答,这是课堂提问;为保证教学任务的顺利完成,教师对学生进行的带有约束性的管理,这是课堂调控。

中学生的心理发展尚未成熟,注意力易分散,对时间长、内容单一的活动易产生疲劳和厌烦,于是难以用抑制约束自己,这种自控能力尚低的表现,使物理教师的课堂管理调控能力显得格外重要。恰当的运用提问,不仅

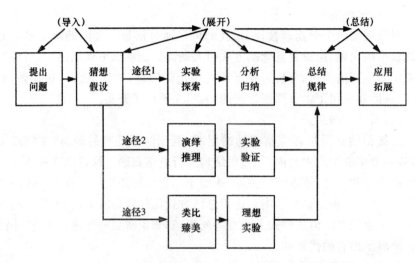

图 3.1　物理课堂教学的三个环节间的关系图

可以调动学生的思维,诊断学生遇到的学习障碍,还可以转换学生的注意,更为有效地实现课堂教学的管理调控。

对课堂管理调控首先要求精心设计问题,力求提出的问题能够引起学生的兴趣,从而产生探究的动力;力求问题的难易适度,从而能有获得成功喜悦的体验;力求题意明确,不因选词选句不当引起学生疑惑、误解和猜测。另外,还要充分了解学生。设计问题时,应充分估计学生的可能答案,尤其是错误答案,并且准备好相应的对策。根据课堂情况,把握好提问的时间。提问时应面向全班,不同难度的问题选择不同层次的学生来回答,充分尊重每一个学生,尤其保护差生回答问题的积极性。在学生回答问题的过程中,要敏锐地捕捉学生不确切的表述,及时纠正学生答案中的错误与思维方法上的缺陷,诱导学生正确回答问题。还要帮助学生,让他们自己归纳、小结,形成简明的答案。

只有经过精心设计的、切实符合学生心理和认知水平的问题,才可能开启学生的心灵,真正调动起学生的学习积极性。一旦学生的积极主动性被调动起来了,一个对物理学习的有利条件和良好环境也就形成了。这时,无需任何严肃的指令,学生都能自觉自愿地去学习和思考,这也就是最有效的教学管理调控。

二、物理教师的教法

物理教师可以利用本学科有限的基本教学方法,根据具体教学情况加以选择或综合运用,从而创造出生动活泼的具体的教学方法。

(一)讲解法

讲解法是指教师运用口头语言进行教学的一种方法,此法通过教师的语言,适当辅以其他教学手段向学生传递知识信息,使学生掌握知识,启发学生思维,发展学生能力。讲解法在中学物理教学中是应用最广泛、最基本的一种教学方法,教学内容越系统,理论性越强,越适合于采用讲解法。它既可以描述物理现象、叙述物理事实、解释物理概念,又可以论证原理、阐明规律。

讲解法从教师教的角度来说是一种传授的方法,它能够充分发挥教师的主导作用,使学生在短时间内获得大量的知识信息。但使用这种教学方法时学生比较被动,不能照顾个别差异,学生习得的知识不易保持。尽管如此,在当今信息社会里,讲解法仍不失为最重要的教学方法。

运用讲解法,教师要以生动、形象、富有感染力、说服力的语言,清晰、明确地揭示问题的要害,积极地引导学生开展思维活动,同时,要适当地利用挂图、板书、板画、演示实验等教学手段配合。教师讲的内容不仅包括结论性的知识,也包括相应的思维活动方式。教师在讲解知识的同时,也要把自己的教学思路以及提出问题、分析问题和解决问题的过程呈现给学生。学生的学习,主要是按照教师指引的思路,对教师讲解的内容进行思考和理解,并从中学到一些研究问题、处理问题的方法。

在物理教学中,运用讲解法应当做到以下三个方面。

1. 符合学生的认知水平

讲解的内容应以优化的序列呈现给学生。在类属学习中,要遵循一般到个别不断分化的认识路线呈现教学内容;对于总括学习和并列学习,教学内容的呈现则要确保系列化,遵循由浅入深的认识路线。优化的序列反映了知识本身内在的逻辑结构和学生学习过程的思维顺序,它能促进学生快速有效地把教师呈现的内容内化为己有。如果脱离学生的认知水平,那么学生已有的认知结构中就找不到适当的、可以同化新知识的观念,从而使新知识不能纳入学生的认知结构,便成为机械接受、机械记忆。

2. 突出重点

教师讲解的内容不能不分主次、平均用力,教师应善于抓住教材的重点、难点,但重点的突出不能靠简单、机械的重复叙述,而应该巧妙地运用变式,从新的角度、视野进行分析和阐述。

3.具有启发性

讲解的启发性主要体现在激励学生的思维活动、引起学生学习兴趣和求知欲望上。为此,教师的讲解不能平铺直叙、强行灌输,而要不断提出问题、分析问题、解决问题。疑问是学生开展思维活动的诱发剂和促进剂,它能够充分调动学生的积极性和主动性。

(二)角色扮演法

如果能够让学生亲身体验,以某种角色来感受实际,并通过自己的思维对已有的观念行为进行抉择、判断,就能让学生的个体行为表现和价值观得以外显。角色扮演法正是给学生提供体验真实环境的机会,让他们站在特定的角色立场上,将自己的行为态度及价值观和教师所赋予的行为态度及价值观进行比较,从而形成正确的科学态度及价值观。在学习有关电学知识后,让学生考察自己家中的用电情况,思考节约用电和合理用电的方法。

角色扮演是将物理学的问题转化为与学生生活实际紧密联系的内容,学生在参与社会决策中,能自觉运用所学的物理知识去分析、判断,从而在扮演、体验和决策的过程中提高自己运用物理知识的能力,同时在科学态度与价值观方面也获得教益。

(三)资料搜集与专题讨论法

在现代信息技术逐渐普及的大环境下,教学资源极为丰富。除了传统的图书馆资料查询,学生还可以通过上网来搜集与物理学科有关的各种信息资料。关于查阅文献资料,教师可告诉学生一些查阅的基本知识,比如期刊论文、专利、技术标准等直接记载科研成果。报道新发现、新创造、新技术、新知识的原始创作称一次文献;将分散、无组织的一次文献进行加工、简化、压缩、整理而成目录、文摘、索引等,作为一次文献的线索的称二次文献;在利用二次文献的基础上选用一次文献的内容,经过综合、分析而编写出来的文献,称三次文献。一般从三次文献着手查阅,当从中查到一篇新发的文献后,从文献后边所附的参考文献为线索进行逐一追踪地查阅。

物理课程的新理念包括:从生活走向物理,从物理走向社会;注意学科渗透,关心科学发展等内容。围绕这些理念,物理教学采用专题讨论。专题可以是学生尚未学过的某个物理知识内容,也可以是物理学与经济、社会发展互动专题,也可以是其他与物理知识相关学生感兴趣的专题。

采用资料搜集与专题讨论教学法,首先由学生自主确定学习内容的专题,然后学生独立阅读文献资料,其中在有教师指导下搜集资料,并结合自己原有认知对所获得的信息进行选择、加工和处理。然后学生进行小组讨论,参加讨论的每一个学生都可能就专题提出自己的看法,相互交流,从中获得比课堂教学更深一步的认识和了解,最后以小组为单位形成专题研修报告。该报告不仅陈述研修的知识结论,还反映研修的过程、方法及收获和反思。最后由教师对学习水平做出评价。

资料搜集与专题讨论法在倡导发展学生自主学习能力和独立探究能力的今天,为许多物理教师所采用。

(四)实验法

实验法是教师运用演示实验或学生实验进行教学的一种教学方式,包括演示实验、边讲边实验、学生分组实验、课外实验等多种教学形式。

实验法主要是靠学生认真观察教师演示或亲自动手所做实验的现象,把实验感知与思维活动紧密结合,从而获得知识、掌握技能、发展智力、提高能力。

运用实验法时,教师主要是创造实验条件和环境,指导学生动手操作,动脑发现问题、积极思考。在教学过程中,学生在教师的指导下,亲自操作,进行观察、记录、分析、综合实验现象,归纳得出结论。

实验法直观性强,物理现象在学生头脑中形成的表象生动,对物理概念的形成、物理规律的建立以及对知识的理解具有十分重要的促进作用,并且能够激发学生物理学习的兴趣与动机。实验法在激发学生学习物理的兴趣,培养学生观察能力、实验操作技能,养成勤于动手、善于思考的良好习惯以及严谨的科学态度和实事求是的工作作风方面具有其他方法不可替代的作用。

(五)调查法

中学生,尤其是高中学生已初步具有一定的社会活动能力,有意让他们就与物理学科内容相关的问题到工矿企业、科研机构、展览馆、商店、社区等地方去参观、访问,并就一些能够使学生在物理知识与技能、过程与方法、情感态度与价值观这几个方面获得教益的问题或现象展开调查。教师在学生调查前,要指导学生制定调查计划,在调查对象、内容结果处理等方面形成可操作的具体计划;在实施调查的过程中,要帮助学生形成调查报告;教师在审阅调查报告的基础上,要对学生在调查中所表现出的思维方法和能力进行评定和总结,帮助学生从调查中的感性认识上升到理性认识,最终理解和掌握物理学知识,增强学生的社会意识和社会责任感。

(六)读书指导法

读书指导法是教师指导学生阅读教科书和其他有关书籍而获取知识并发展智能的教学方法。此法有利于培养学生的自学能力和习惯,便于从学生的实际出发,有利于教师个别指导和因材施教,是学生运用新课程倡导的自主学习方式时常用的方法。但这种教学方法也具有一定的局限性,它适于难度较小的章节或段落,有利于叙述性和推证性的知识内容,不利于培养学生观察、想像、操作等能力,限制了师生的情感交流与认知上的及时反馈。

三、学生的学法

学生掌握物理知识与技能,完成物理学习任务的心理能动过程,就是学生的学法。它具有实践性和功效性。好的学习方法的形成要经过反复实践,并在良师指导下不断扩充和完善。而行之有效的学习方法会极大地提高学习质量。

(一)善于阅读与思考

物理学习是需要对教材和有关资料进行阅读的。而教材和有关资料上的文字符号往往是一维空间性质的信息,其图示、照片充其量是二维空间(或时空)的信息。现实中的物理研究对象大都是四维的,即三维空间和一维时间紧密相连的客体,而且它们在四维时空里不断发展变化着。学习者阅读时要按照其中文图叙述的逻辑顺序实现上述转换的逆转换,即将低维信息在头脑中还原成原本存在的高维信息。然而,不是所有的物理知识都能通过上述行为来活化和物化的,一些通过思维加工抽象的物理概念及规律,需要学习者也经历同样的思维过程才能领悟其中丰富的内涵。因此,阅读与思考在物理学习中十分重要。

物理学习中出类拔萃的学生,阅读时能够比较全面领会其中的内容。比如,对新编普通高中物理教材,正文之外设置了许多小栏目,学得好的学生除了认真阅读教材的正文之外,对各栏目决不放过。另外,他还喜欢读物理方面的课外书。由于经常关注,他知道从什么地方能快捷、准确地找到自己需要的资料。面对众多类似的乃至书名相同的读物,他通过浏览书名、作者、出版者、前言和书中的目录,大体知道该书研究些什么、采用什么研究方法,是否是自己最需要阅读的,然后决定取舍。他还会将阅读获得的新知识与原有的旧知识进行比较,弄清它们之间的关系,以此加深理解;会通过实际应用检查学习效果,必要时还重新再次阅读。

(二)喜欢观察和实验

物理学是一门实践性很强的学科,其知识体系主要来源于对物理对象的观察与实验。即使是抽象思维总结的内容,最终也须经受观察与实验等实践的检验,方能上升为物理理论。因此,观察与实验是物理学习与研究中非常重要的方法。

需要注意的是,并非所有的物理现象及其规律都可以通过观察就能探究。由于许多物理的发生和变化是与周围环境互相作用、互相影响的,要探究其物理对象的功能和属性,非经人为控制条件下的实验不可。实验可以活化和物化研究对象,可以创设问题情景,可以渗透物理思想和科学研究方法,可以培养学生动手操作能力、观察思维能力,甚至锻炼其意志品质。

因此,不重视实验的学生难以学好物理。正式由于勤于动手,物理学习优秀的学生在实验操作上才能显得熟练而从容。他就比别人赢得更多的时间去思考:如何确定实验目的、明确操作要求和步骤;如何选择实验原理表述和测量的方法、测量用的仪器设备;如何发现、分析和处理实验中出现的误差;如何应对可能出现的意外情况等等。

(三)具有合作精神

为了更好地完成知识的建构,学习者有必要与别人讨论、协商、合作、竞争,进行多方面的接触,以使自己的认识更为准确,更加全面。物理学习出类拔萃的学生,无论是分组讨论或是分组实验,只要在认知上与同学发生碰撞,表现总是特别活跃。大胆发表自己的看法,认真倾听别人的意见,既坚持原则又尊重他人。

当同学学习上遇到困难,要乐于交流自己的学习方法,因为在解答同学提出的疑难问题的同时,自己的学习水平也得到提高。通常情况下,物理优秀的学生更加具备合作精神。

四、物理教学方法的选择与运用

(一)教学方法的选择

随着教学改革的不断深入,又会有许多新的有效的方法产生。因而,在实际教学时,教师能否正确选择教学方法就成为影响教学质量的关键问题之一。教学方法的选择是有客观基础的,不能单凭主观意向来确定。

选择教学方法的依据至少包括以下五个方面。

1. 依据教学目的

要选择与教学目的相适应，能够实现教学目的的教学方法。对教学方法的选择直接起着导向作用的是具体的教学目标，即由总的教学目的、教学任务分解出来的每个学期、单元、每节课的具体教学目标。每一方面的目标都需要有与该项目标相适应的教学方法。因此，为了选择最佳教学方法，教师必须懂得有关目标分类的知识，能够把总的、较为抽象的教学目标、教学任务分解为具体的、可操作的教学目标，并根据这些目标来确定用何种教学方法进行教学。

2. 依据学生的实际情况

教学方法的选择还要受到学生的个性心理特征和所具有的基础知识条件的制约。对不同年龄阶段的学生需要采用不同的教学方法。在初中阶段，应广泛采用直观法，而且要不断变换教学方法。这样有助于初中学生保持对学习的兴趣和积极性。在高中阶段，宜于更多地采用抽象、独立性较强的教学方法，如讨论法、实验法、问题探讨法、演绎法等。除了个性心理特征上的差别外，学生已有的知识基础和构成的方式也是千差万别的，这对教学方法的选择也有至关重要的影响。

3. 依据教材内容

应依据具体教材内容的教学要求采用与之相适应的教学方法，因为一门学科的内容总是由各方面内容构成的内容体系，在这一体系中，不同的内容又具有不同的内在逻辑和特点，可以根据内容的特点选择不同的方法，如归纳法、演绎法、探索法和讨论法等。

4. 依据教师的特点

教学方法的选择还要考虑到教师自身的素养和条件，适应教师对各种教学方法的掌握和运用水平。有些教学方法虽好，但教师使用不当仍然不能产生良好的效果，甚至可能出现适得其反的作用。

教师的个性也会影响他们对教学方法的使用。例如，有的教师擅长生动的语言表述，可以把问题的事实和现象描绘得形象、具体，由浅入深地讲清道理；有的教师则善于运用直面的内容，也包括发展认知技能、认知策略方面的内容，还包括培养态度方面的内容。因此，为了选择最佳教学方法，教师必须懂得有关目标分类的知识，能够把总的、较为抽象的教学目标、教学任务分解为具体的、可操作的教学目标，并根据这些目标来确定用何种教学方法进行教学。

5. 依据客观条件

有些学校教学设备充足、实验室宽敞，则可以选用学生一人一套器材做分组实验的教学方法;有的学校设备不足,就应该采用几人一套仪器的教学方法;有的学校有多媒体,并且每个教室都能够上网,则可以实现信息技术与物理教学的整合。如果没有多媒体设备,就要采用传统的投影仪等教学手段。

(二)教学方法的运用

选择了适当的教学方法,还要能够在教学实践中正确地运用。为了在物理教学实践中正确运用教学方法,需要做到以下三个方面。

1.娴熟运用各种基本方法

讲解法、讨论法、谈话法、读书指导法、演示法、实验法、练习法等是最基本的教学方法。基本的教学方法都具有相对的稳定性,即每一种教学方法都是由教师活动的方式和学生活动的方式以及信息反馈系统构成,要发挥其功能有自身固有的、相对稳定的结构。而每种方法的使用是随着教师、学生和教学条件的变化而变化的。教学方法功能的发挥取决于学的方式和教的方式是否协调一致,应选择与教学目的、教学内容、学生的特点和教师本身的特点最符合的方法,尽可能获得较满意的效果。

只有掌握了这些最基本的教学方法,才有可能掌握新的、更复杂的方法,才有可能创造出新的教学方法。

2.善于综合运用教学方法

在教学过程中,学生知识的获得、能力的培养,不可能只依靠一种教学方法,必须把各种教学方法合理地结合起来。为了更好地完成教学任务,教师在运用教学方法时要树立整体的观点,注意各种教学方法之间的有机配合,充分发挥教学方法体系的整体性功能。

3.坚持以启发式教学为指导思想

教学中的具体方法是很多的,但不论采用什么方法,都必须坚持以启发式教学为总的指导思想。启发式是指教师从学生实际出发,采取多种有效的形式去调动学生学习的积极性、主动性和独立性,引导学生通过自己的智力活动去掌握知识、发展认识能力。

现在采用的许多教学方法都包含着启发的因素,有利于调动学生学习的主动性、积极性。但是,启发性因素的作用能否得到发挥,在很大程度上取决于运用教学方法的指导思想。教师若以启发式思想为指导运用讲解法、谈话法、读书指导法、练习法等教学方法,就能唤起学生的学习兴趣、激发学生的求知欲、启发学生独立思考,使学生的学习收到举一反三、触类旁通的效果。因此,运用教学方法,要始终坚持以启发式教学思想为指导,充分发挥学生作为学习主体的能动作用。

第四章 物理概念和物理规律教学

物理学的基石为物理概念和物理规律,是中学物理基础知识中最重要、最基本的内容。在中学物理教学中,教学的核心问题是如何形成物理概念、掌握物理规律、发展学生的智力。

本章主要分析物理概念和物理规律在物理学知识结构中的作用与地位,讨论物理概念和物理规律教学的基本要求。

第一节 物理概念和规律在教学中的作用与地位

一、物理概念

在教学中,必须正确地把握物理概念的内涵,建立物理概念。

物理概念是反映物理事物本质属性的一种思维形式,它是构成物理判断和进行物理推理的基本要素,也是物理知识的最基本的组成部分。

(一)物理概念的内涵

物理概念是人们在观察、实验,形成感性认识的基础上,再通过比较、分析、综合、归纳、抽象、概括等方法,逐步揭示出物理现象和过程的本质属性,产生认识过程的飞跃,上升到理性认识从而形成的。

物理概念的内涵(物理意义)就是物理概念所反映的物理现象、物理过程的本质属性。这种本质属性使该物理事物区别于其他事物。

物理概念大致上可分为如下两类:

一类是定性概念;

另一类是不仅有"质"的属性,同时还有某种"量"的属性。

定性物理概念反映了物理概念所反映的物理现象、物理过程具有某种"质"的属性。这类物理概念常用文字来定义。这种定义概括出主要因素,忽略次要因素，即实现了把实际物体简化为物理模型。物理概念"量"的属性指物理学的"量度方式"和"量度单位"。这种概念可用一个可测量的量来表示，因而又将其称为物理量。

(二)物理概念的建立

客观事实是概念建立的基础。物理概念在建立过程中应注意以下几点：

1. 准确性

一个概念，在建立的过程中准确性是特别重要的，若学生第一次接受某概念时，模糊不清，将会影响他对概念的理解、记忆和应用。

2. 直观性

物理概念是从直观的感性认识经过抽象上升到理性认识而形成的。直觉能使学生获得感性认识，教师要把学生的感性认识与抽象的理性认识联系起来，从而激发学生对物理概念的学习兴趣，发展学生的认知能力，把握住概念的基本属性。[①]

3. 简洁性

在表述物理概念定义时，应该做到用最简洁的文字完整地表达物理概念的意义。

4. 阶段性

在物理教学中，学生的认识过程是一个不断发展的过程。完整的物理概念的形成，通常都需要有一个发展过程。因此，对于同一个物理概念，在不同的学习阶段，对学生提出不同的要求；而不同阶段的学习，又必须相互联系，形成一个整体，以便最终形成完整的物理概念。

(三)物理概念的分类

按照所反映事物的不同属性，物理量可以分为：

1. 性质量和作用量

描写物体某种性质的量称为性质量。如电阻、比热容、速度等。

描写物体之间相互作用才表现出来的物理量称为作用量。如功、力、冲量等。

---

① 　郭怀中.物理教学论.芜湖：安徽师范大学出版社，2011

2. 状态量与过程量

描述事物状态的物理量称为状态量。研究对象处于某一状态,就有确定的量值。如动量、动能和势能是从动力学角度描述物体运动状态的物理量。

描述物体运动或变化过程的物理量称为过程量,如力学中的冲量、热学中的热量等都是过程量。

3. 微观量与宏观量

描述单个微观粒子的量称为微观量,如单个分子或原子的动能等。

描述宏观物体或系统性质或状态的量称为宏观量。其中有些宏观量是描述大量分子、原子或大量基本粒子运动所表现出来的宏观性质这些物理量对单个分子、原子是没有意义的。[1]

4. 矢量和标量

矢量是指既有大小又有方向的物理量,如力、加速度、电场强度等。矢量合成遵守三角形法则或者平行四边形法则。

标量是指只有大小、没有方向的量,如质量、能、电势等。标量的运算遵循代数学法则。

5. 广延量与强度量

广延量具有可以直接相加的性质,如空间、时间等。如 A,B 物体的质量等于 A 物体的质量和 B 物体的质量之和。

强度量不具有直接相加的性质,如压强、密度等。如不能把 A 的温度与 B 的温度之和说成是 A,B 物体的温度。

6. 相对量和绝对量

相对量是指凡是与选择参照物或坐标系有关的物理量,如速度、动能、势能、功、磁感应强度等。

绝对量是指凡与参照系选择无关的物理量,如各种普适恒量。

7. 基本物理量和导出物理量

描述物理学概念需要而选定的最基本的量称为基本物理量。基本物理量的数目是能融洽一致地描述物理学中所有各量所必需的最小数目。现有国际单位制(SI),有长度、质量、时间、电流、热力学温度、发光强度和物质的量七个基本物理量。它们的计量单位分别是米、千克、秒、安培、开尔文、坎德拉和摩尔。国际单位制还有弧度和球面度两个辅助单位。

---

① 朱铁成.物理课程与教学论.杭州:浙江大学大学出版社,2010

　　导出物理量建立在基本物理量基础之上，按照某种定义或根据有关公式推导出来的物理量。所有导出量均可用基本物理量的组合方式来表示。对某些 SI 导出单位，国际计量大会通过了专门的名称和符号。这些专门名称以及用它们表示其他导出单位更为方便、明确。

(四)常见物理概念的定义方法

物理概念的界定，一般都是以命题的形式呈现。

1. 直接定义义法

物理概念中有相当一部分是直接给它下定义的。如物体所含物质的多少叫质量等。[①]

2. 比值定义法

物理概念的定义式是一个比值。如速度 $v = \dfrac{s}{t}$、密度 $\rho = \dfrac{m}{V}$ 等。通常情况下这类概念是从某个侧面反映事物的特性，事物本身的属性决定着这些比值的大小，而与比值中的各量无关，在一定条件下，这些比值为一个恒量。

3. 乘积定义法

物理概念的定义式是几个物理量的乘积。如动能 $E_K = \dfrac{1}{2}mv^2$、电功 $W = UIt$ 等。对于这类物理概念应从它所能产生的效果去认识它的特性。

4. 差值定义法

物理概念的定义式是几个物理量的差，如位移 $s = s_2 - s_1$、电势差 $U_{AB} = \varphi_A - \varphi_B$ 等。

5. 和值定义法

物理概念的定义式是几个物理量的和，如总功 $W = W_1 + W_2$、合力 $F = F_1 + F_2$ 等。

6. 极限思维定义法

物理概念的定义式是几个物理量的数学极限表达式，如瞬时速度为 $v = \lim\limits_{\Delta t \to 0} \dfrac{\Delta x}{\Delta t}$、瞬时加速度 $a = \lim\limits_{\Delta t \to 0} \dfrac{\Delta v}{\Delta t}$ 等。

7. 函数定义法

物理概念的定义式是其他物理量的函数表达式，如正弦交变电流的电

---

　　①　郭怀中.物理教学论.芜湖：安徽师范大学出版社，2011

流强度 $i = I_m \sin \omega t$ 等。

(五)物理概念的外延

概念所反映的属性那类事物的数量和范围称为概念的外延。在物理学中,概念的外延一般情况是指物理概念的适用条件和范围。概念所反映的事物在某一层次或某一范围具有的属性称为物理概念的适用范围。以质点的外延为例,即物体可以看成质点的条件:若在研究的问题中,某个物体的形状、大小及物体上各部分运动的差异是次要或不对研究产生影响,就可以把这个物体看做一个有质量的点。同一个物体有时可以看做质点,有时又不能看做质点,这要看具体的情况和研究目的。

二、物理规律的内涵

(一)物理规律的内涵

规律,又称为"法则",是事物发展变化过程中的本质联系和必然趋势。反映物理现象、物理过程在一定条件下必然发生、发展和变化的内在本质联系称为物理规律。一般是在观察与实验的基础上,通过归纳推理、演绎推理、类比推理方法得到物理规律,并用文字以及其他符号加以表述的认知结果,如牛顿第二定律也为一个物理规律,它的数学表达式通常表示为 $F = ma$。

(二)物理规律的建立过程

建立物理规律的依据为物理事实,是进行思维加工的原料。在物理规律的建立过程中,应该首先为学生提供丰富的感性材料,让学生从中获得生动具体的感性认识。进而引导学生进行科学思维,抓住物理现象和过程的本质特征和内在联系,将感性认识上升为理性认识,从而建立起物理规律。

物理规律的建立过程包括如下三个关键环节:

第一,提供感性材料,获得感性认识;

第二,进行科学思维,寻找内在的、本质的联系;

第三,抽象概括,表述规律。

1.提供感性材料,获得感性认识

在物理规律的教学中,学生明确了要研究的问题之后,就要按照规律建立的基础来选择提供感性材料的途径、寻找解决问题的依据。

若规律是建立在实验基础上的,就需要设计实验方案、进行实验、搜集

实验现象或数据。

若规律是以总结生活经验为基础的,就需要列举大量的生活现象或经验。

若规律是以已有知识为基础推导得到的,就需要引导学生回顾相关概念、规律,或给出有关的物理过程。

下面我们通过"楞次定律"实验,对该教学环节作详细分析说明。

【案例1】

观察记录多变的实验现象

"楞次定律"是通过分析多变的实验现象,通过归纳总结建立的,在这里需要在学生明确了研究的问题,并提出合理的猜想后,引导学生设计实验方案、进行实验、收集证据。

下面给出两种方案:

A 组实验电路如图 4.1 所示。

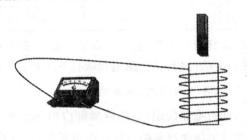

图 4.1　条形磁铁插入线图

B 组实验电路如图 4.2 所示。

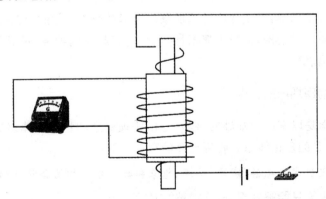

图 4.2　原线圈电流变化

A 组操作:分别将条形磁铁的 N 极、S 极插入线圈、拔出线圈。

B 组操作:将电键闭合、断开,观察电流表的指针偏转方向,判断出感应

· 81 ·

电流方向,再将电源的正、负极反过来,重复上述实验过程。

表 4.1 和表 4.2 是学生通过观察后,记录的实验现象。

表 4.1　A 组实验现象记录表

磁铁运动	N 极插入	N 极拔出	S 极插入	S 极拔出
$I_感$方向	逆时针	顺时针	顺时针	逆时针
Φ变化	增	减	增	减
$B_感$方向	向上	向下	向下	向上

表 4.2　B 组实验现象记录表

I 原	顺时针,通电	顺时针,断电	逆时针,通电	逆时针,断电
$I_感$方向	逆时针	顺时针	顺时针	逆时针
Φ变化	增	减	增	减
$B_感$方向	向上	向下	向下	向上

学生正是通过亲自操作实验,从中获得了丰富的感性认识,降低了知识的抽象程度,为接下来的分析论证、总结规律打下了良好基础。

2.进行科学思维,寻找内在的、本质的联系

学生在获得丰富的感性认识后,此时教师应引导学生分析多变的物理现象、物理过程,揭示出物理现象的本质。在分析现象、寻找关系时,教师引导学生抓住多个现象之间的本质联系深入分析。[①]

3.抽象概括,表述规律

经过科学思维,对多变的物理现象或物理过程建立起的内在的、本质的联系只是初步的结论,仍缺少概括性,还需进行科学的抽象,最后给出物理规律的准确表述。

(三)物理规律的特点

物理学是以实验为基础的科学,是由物理概念和物理规律组成的严谨的、精密定量的理论体系。物理规律的特点如下:

1.物理规律是观察、实验、思维、想象和数学推理相结合的产物

物理规律只能被发现,而不能被"创造"。

物理规律的发现方法可分为如下两大类:

---

① 李新乡,张军朋.物理教学论(第二版).北京:科学出版社,2009

一类是实验归纳法；

另一类是理论演绎法。

2.物理规律是物理概念之间必然联系的反映

物理规律都由概念组成的，并用一定的文字语言或数学语言把这些概念之间的逻辑关系表示出来。

3.物理规律具有近似性和局限性

因为物理学研究的对象和过程是经过科学抽象所建立的理想模型和理想过程，所以，反映物理量之间的物理规律，只能在一定的范围内是足够真实的，对客观世界的反映具有近似性。另一方面，物理规律总是在一定范围内发现的，并只在有限的领域内检验的，因而具有局限性。

(四)物理规律的分类

1.物理定律

物理定律由归纳推理而得到的，这种归纳推理是从个别事物的观察实验出发，通过推理得出的一般性结论，需要进一步验证其正确性。

物理定律可用文字表述，也可用公式表述。如楞次定律：感应电流的磁场总要阻碍引起感应电流的磁通量的变化。物理定律还可以用文字与公式结合来表示，如牛顿第二定律：物体加速度的大小跟作用力成正比，跟物体的质量成反比，加速度的方向跟作用力的方向相同。公式表示为 $F = ma$ 。

2.物理定理

由经过实验检验或理论证明为正确的定律，或是以原理为前提，通过一定的逻辑法则和数学规则演绎得到具有新的物理意义的结论称为物理定理。由演绎推理形成的定理是从已有的前提推导出新的结论。该结论一方面具有新的物理意义，另一方面其正确性还需要进一步检验。

3.物理定则

物理定则是将物理规律中各个物理概念之间关系，为了某种目的具体化为一些定则，从而使物理规律中各个概念之间的关系变得形象、鲜明。如右手定则形象地反映了导体运动方向、磁感应强度方向与感生电流方向之间的关系。

4.物理方程或公式

物理方程或公式用数学工具将物理规律中各个物理量关系表示出来。如质能方程、光电效应方程、麦克斯韦方程组等都是用数学关系描述出相应的物理规律。

（五）物理规律的运用

1.运用物理规律解决日常生活中的实际问题

经常用学过的规律科学地说明和解释有关的生产、生活现象：

一方面，使学生真正感受到物理学就在身边，体会到学习中学物理的乐趣所在；

另一方面，通过让学生根据所学知识说明和解释生产、生活现象，可逐步发展学生逻辑地说理和表达能力，及解决实际问题的能力。既能深化学生对所学规律的理解，又能培养学生将所学知识应用于生活和生产实践的意识。

2.运用物理规律解释实验现象

在物理规律教学中，可积极鼓励学生运用所学物理规律进行观察和实验，并尝试解释实验现象。从而达到加深学生对所学知识的理解，提高学生的实验能力的目的。

3.运用物理规律解答物理习题

在引导学生讨论规律之后，教师还应提出一些具有代表性的物理习题，让学生进行练习，然后针对学生在练习中所出现的问题，再加以纠正和强调。这样做不仅有利于帮助学生克服理解规律所存在的疑点和难点、获得对规律的正确理解，还可以引导学生总结出一些解决问题的规律性的思路和方法，逐步提高各种思维品质的水平。[①]

4.运用物理规律进行小设计和小制作

教师可鼓励学生依据所学的物理知识在课外，自己动手做些小设计，这些活动有利于培养学生的创新能力。

在引导和组织学生运用物理规律解决问题的过程中，需要注意下述问题：

第一，针对学生对物理规律理解的模糊点、难点设计练习；

第二，设计的练习应贴近学生的学习和社会生活，力求增强练习的趣味性；

第三，练习题型应多样化。

总之，学生学习物理规律也有一个由浅入深、逐步理解掌握的过程，因此物理规律教学过程也要注意阶段性。

---

① 李新乡,张军朋.物理教学论(第二版).北京:科学出版社,2009

三、形成物理概念和掌握物理规律的重要性

形成清晰的物理概念,正确掌握物理规律的重要性表现在以下几个方面:

(一)物理概念和物理规律是物理学的基础和主干

物理学的基础是由物理概念和物理规律构成的。

中学物理教学内容是以为数不多的基本物理概念、基本物理规律为主干组成的,其中,基石为物理概念,中心为物理规律,纽带为物理方法。只有努力学好物理概念和物理规律,才能使学生达到中学物理课程标准规定的目标。

(二)使学生形成物理概念、掌握物理规律是物理教学的中心任务

中学物理教学的中心任务为形成物理概念、掌握物理规律。物理基础知识的一个重要组成部分就是物理概念,它反映了大量物理事实及复杂物理现象中最本质的,最抽象的东西,物理概念是建立物理规律的基础,因而学生必须掌握好。

(三)形成物理概念、掌握物理规律是发展学生认知能力的重要途径

形成概念、掌握规律是一个复杂的认识过程。学生必须经历一系列的动手、动脑、动笔、动口等活动,经历由具体到抽象,再由抽象到具体的思维活动。

这里我们需要指出,在形成概念、掌握规律的过程中,对陶冶学生品质,形成正确的情感、态度与价值观,也存在积极的作用。

第二节　物理概念和物理规律的教学要求

一、物理概念的教学要求

在教师的指导下,调动学生认知结构中的已有感性经验和知识去感知、理解材料,经过思维加工产生认识上的飞跃,最后形成新的概念图式结构的

过程称为物理概念教学的过程。

(一)物理概念学习中常见的错误

1.生活中感性经验本身的不足

认识的初级阶段即为感性认识,通常感性认识并不能全面、正确地认识事物的本质,从而导致形成的概念很可能是错误的或不确切的。

2.物理知识的负迁移

在中学物理教学中,由于物理概念的表述一般不是十分严格。然而,学生有可能把这些物理概念绝对化,导致概念性错误的发生。

3.其它学科知识横向迁移引起的负效应

虽然各学科的知识是相互联系的,但有时在某些情况中也会产生负效应。例如学生常将垂直与竖直、楞次定律中阻碍与阻止等混为一谈,从而使物理概念变得模糊起来。

4.思维方法不正确引起的错误

要想形成正确的物理概念必须有严密的逻辑思维。在学习过程中,有时因逻辑思维不严密,根据某些概念进行不合理外推也会出现错误,例如电流强度、电动势等物理量虽然既有大小,也有方向,然而它们都是标量,因为它们的方向是为了研究问题的方便而引入的。

(二)形成物理概念的教学要求

形成物理概念大致可分为对概念的感知、理解和巩固与应用三个相互联系的阶段。

1.感知阶段

感觉和知觉的总称即感知。人脑对直接作用于感觉器官的客观事物的个别属性的反映称为感觉;把头脑中各种感觉按事物之间的关系,综合成为一个较完整的映象称为知觉,是人脑对直接作用于感觉器官的事物整体的反映。

感觉和知觉,都属于感性认识阶段。感知的方式有直接感知和间接感知两种。在物理教学中,直接感知和间接感知两种方式应当相互配合使用,互为补充,使学生获得大量的感性材料,形成表象。

物理概念教学的感知阶段主要是在概念的引入和形成阶段。这个阶段的工作如果做好了,就能激发学生学习概念的积极性,从直观到抽象,对进一步理解物理概念的内涵和外延有着直接影响。例如,教师在讲"导体的电阻"时,由于学生没有直接的生活体验,可安排一个演示实验。学生通过观察:通过导体的电流随导体两端电压的变化而变化,当导体不变时,$\dfrac{U}{I}$ 是一个定值;下面更换导体做同样的实验,此时学生又会发现 $\dfrac{U}{I}$ 仍然为一个定值,与前者相比虽然都为定值,然而大小可能发生了变化。从而推理出:对任一导体,电压和电流强度的比值为一定值 R,这个定值就表征了导体的一种物理性质。通过比较两次实验结果我们可发现,导体两端电压相同时,此时发现通过导体的电流强度不同,也就是说导体对电流的阻碍作用不同。可得结论:R 是表征导体对电流阻碍作用的物理量,它的大小可以用 $R=\dfrac{U}{I}$ 量度。

感知阶段的教学要求:

(1)提供丰富的感性材料。

形成物理概念的基础是提供丰富的感性材料,在教学中要重视感性认识。概念所包含的大量事例中,有的本质联系比较明显,有的非本质联系却很强烈。为了使学生能在感性认识的基础上进行分析,教师需要从有关概念的大量事例中精选出包括主要类型的、本质联系明显的典型事例来进行教学,从而达到预期的效果。

理性认识的基础就是感性认识,要想理解抽象的概念和规律,就要从感性材料出发,感性认识越丰富,对相应的概念和规律的理解就越深刻。所以,要求教师除在教学时精选典型事例外,还要教育学生通过平时的观察、实验、参观,围绕某些问题的讨论不断地积累感性材料。

具体的事例,演示实验、模型、挂图或多媒体提供的事例等是感性材料的主要来源。

(2)分析比较并抽象概括出概念的本质特征。

形成物理概念的关键是分析比较并抽象概括出概念的本质特征。例如,关于"力是物体之间的相互作用",教师可让学生自己来举例,然后,进行列表并加以对比分析,从而抽象概括出力的概念。

(3)要运用例证来区分概念的关键特征。

形成概念,实质上就是要能概括出物理概念的本质特征。例如,单摆反映振动快慢的重要物理量为振动周期,教学中引导学生认识到摆长 l 和当地的重力加速度 g 是决定周期的关键特征,而与单摆的振幅 A(偏角小于 $5°$ 的条件下)和摆球质量 m 无关。

2.理解阶段

对事物的本质属性和内在联系的认识过程称为理解。它是指在大量感知的基础上,启动学生思维,通过思维活动,不断加深对事物的认识,从感性认识升华到理性认识,是使学生形成概念的关键一步。只有引导学生的正确思维,才能揭示概念的本质,正确理解物理概念。

理解阶段的教学要求:

(1)理解概念的内涵和外延。

概念包括内涵和外延,要想真正做到理解物理概念,就要搞清它的内涵和外延。

(2)通过关键字词理解概念。

通过关键性的字词来明确、理解概念是非常有必要的。例如,"惯性是指物体保持匀速直线运动状态或静止状态的属性",如果学生对"或"字理解不清,会错误的把"或"换成了"和"。

(3)通过比较,辨析概念,明确概念,理解概念。

在物理教学中较为常用的教学方法为比较法。例如,对"一对作用力与反作用力"通过列表加以对比,这样通俗易懂。

比较法分为两种:相似比较和相反比较。对既有一部分相同内容、又有不同特征的概念进行比较,容易让学生接受,且能够加深他们对概念的理解。

(4)利用变式突出概念的本质特征。

变式指概念的肯定例证在无关特征方面的变化,从材料方面促进理解,使获得的概念精确、稳定和易于迁移。我们以"功"的概念为例,此概念包含了"作用在物体上的力"和"物体在力的方向上发生的位移"两个必要因素。教师在物理教学中,可通过这样的变式将其特征突出,从而加深学生对"功"概念的理解。

(5)"放大"有关特征。

因此在概念教学中可采用类比法,"放大"某些特征的方法促进教学。例如,教师在讲授酒精与水混合体积减小时,为说明分子间有空隙概念,可举同一箱子上下两层的金桔与蜜桔为例,抽去隔板振动后总体积减小作类比[①]。

3.巩固与应用阶段

对概念认识的加深即为巩固。巩固的目的在于使储存在学生大脑中的概念结构图景更为清晰也更为丰富,具体表现为对概念正确而熟练的应用。

由认识到行动的过程则称为应用。应用的作用:

---

① 郭怀中.物理教学论.芜湖:安徽师范大学出版社,2011

一是，将抽象的知识具体化；

二是，加深理解物理知识。

在理解的基础上，进一步巩固与应用概念，在教学上的基本途径有：

（1）分类。

概念分类的作用在于，把握其共性，从而更好地巩固概念。分类时，要正确地理解不同的概念之间的本质区别和联系，以加深物理概念的理解。例如，定义式的概念是个比值。通常情况下，这类比值的大小是由事物本身的属性所决定的，并且在一定条件下，这些比值必然是一个恒量。

（2）归纳。

归纳组成逻辑性的概念体系的作用在于有利于记忆，巩固概念。由于物理概念的学习，通常是分散在每节课中，从而容易导致出现彼此脱离，割裂的现象。为更好地解决此矛盾，教师就要抓好概念的归纳。

（3）应用。

概念应用的目的在于：

其一，加深理解，形成自然记忆；

其二，促进学生思维的积极性；

其三，及时暴露概念学习中问题，使教学及时得到反馈的信息。

二、物理规律的教学要求

（一）物理规律学习中常见的错误

掌握物理规律的过程是非常复杂的，学习方法不正确，会导致各种错误，常见的有以几个方面：

1. 由于不重视物理实验而出现的错误

理解物理规律的基础是感性认识。物理学是一门实验科学，通过物理实验，观察物理现象，认识物理规律。在物理教学中，增加学生对物理问题的感性认识为物理实验的目的之一。如果不重视物理实验，学生就很难理解物理规律的来龙去脉、物理意义和适用条件等，从而导致学生会感到物理规律的学习难于接受，产生思维障碍。

2. 没有搞清物理定律成立的条件而出现的错误

尽管，自然界中存在一些普适定律，但是，我们常见的物理定律和原理等，一般都是在一定条件下才能成立的，离开了这些条件它就不会存在了。因此，在应用物理规律解题时，必须要考虑题目中的已知或隐含的要素是否满足该物理规律存在的条件。

3.片面地把物理问题数学化而导致的错误

物理学作为一门精密的定量的科学,与数学有着十分密切的关系。但是,不能因此而把物理规律数学化。如果把物理问题数学化,不利于理解,甚至会导致出错。

4.因思维方法不正确而出现的错误

如果不能正确地运用思维方法,不能准确地抓住物理过程的主要矛盾,通常会因逻辑思维上的缺陷,导致出现以偏概全等错误。

5.因思维定势而导致的错误

学生在生活和学习过程中积累的一些经验或认识称为思维定势。思维定式分为积极的思维定势和消极的思维定势两种。

积极的思维定势有助于学生迅速找到解决问题的思路和方法,而消极的思维定势则可能导致错误。其原因在于不能正确地运用已经掌握的科学知识和技能,从心理上不愿意接受新的事物,从而干扰了对新物理规律的理解。

(二)物理规律的教学要求

物理规律教学的基本要求:

1.创设问题情境,激发学生求知欲望

问题情境,即教师在课堂教学过程中通过提出一系列有一定难度的问题,使学生的思维活跃起来,学生的求知欲望得到激发,从而营造一种强烈的课堂求知气氛。通过教学实践证明,只有一定的情境中学生的认知活动才能进行的,积极的思维常常取决于问题的刺激程度。

2.不同类型的物理规律,应采用不同的学法和教法

物理规律一般可分为三大类型:理想规律、理论规律和实验规律。

(1)理想规律。

通常情况下实验不能验证理想规律,其原因在于难以达到它所需的实验条件。理想规律是以大量的经验事实为基础,通过分析、综合经验事实,将主要因素抓住,次要因素排除,并通过合理外推而总结出的。"合理外推法"是一般教学中对于理想规律的教学方法。

(2)理论规律。

对于理论规律应采用"理论推导法"教学,其原因在于理论规律是以已知事实为依据,通过推理总结出来的。

（3）实验规律。

在观察和实验的基础上，通过分析归纳总结出实验规律。在教学中可采用演示实验法、边学边实验等教学方法。

3.注意物理定律的适用范围

物理定律只在一定的范围内适用，一般该点容易被学生忽视。在教学中，要引导学生注意物理定律的适用范围。例如，电功率的计算公式 $P = UI$ 和 $P = I^2R$ 的适用范围就不同，如果学生盲目套公式，就会导致出错。

4.指导学生深刻理解物理定律的物理意义

只有理解了物理意义，才能加深对物理规律的理解。教学中要让学生从理论和实验两方面来认识规律。如关于加速度的两个关系式 $a = \dfrac{F}{m}$ 和 $a = \dfrac{\Delta v}{\Delta t}$ ，要做到能够清楚说出它们的物理意义以及区别和联系。

5.适当穿插物理学史知识

将学习物理规律同物理学史联系起来，把物理学史的有关内容渗透到物理规律教学中去。

常见的做法主要有以下两个方面：

第一，介绍物理学史，让学生了解物理定律的来龙去脉。

第二，通过物理学史教育，帮助学生掌握物理学的思想方法。

6.指导学生学会应用物理规律

在指导学生学会应用物理规律过程中，需要注意如下两方面：

一方面通过教师的示范和师生共同讨论典型的问题，使学生结合对实际问题的讨论，深化对物理规律的理解，领会分析、处理和解决问题的思路、方法；

另一方面，要指导学生学会运用物理规律解决实际问题。

三、知道物理概念和规律引入的必要性

通常在传统的物理教学中会忽略物理概念和规律引入的必要性的教学活动，从而导致学生对一个物理概念的引入不知其原因，也不知道为什么要引入一个物理规律。此时学生在接受物理概念和规律时处于被动，并未真正理解物理概念和规律重要的原因之一。事实上所有物理概念和规律的引入都有其背景，缘由。重视还是忽略"为什么要引入物理概念和规律"的教学，教学过程和教学效果是大相径庭的。如在牛顿第三定律教学时，教师可

让学生用力鼓掌并谈谈两只手的感受,然后引导学生讨论"这两个力之间究竟具有怎样的关系"的问题,这样就自然引入牛顿第三定律的教学。从这个例子中我们可以看出,这样的教学既能让学生知道为什么要引入牛顿第三定律,而且又能帮助学生理解牛顿第三定律的内涵和意义。

四、经历概念形成和规律发现的过程

传统的物理教学对物理概念、规律的教学忽视了概念和规律的来龙去脉的教学过程。形成概念和发现规律的过程充满着各种方法的运用和各种思维活动,是培养学生科学过程、科学方法、科学态度、科学价值观的重要途径。

中学生形成物理概念主要过程如下:

其一,通过生活经历、生产实践、自然现象,以及物理实验的直接感知,再通过物理思维的加工、科学归纳而形成概念;

其二,通过已掌握的概念,通过演绎等方法得到派生的物理概念。

物理规律的发现过程包括:

第一,由物理概念归纳、演绎推理得到物理规律。

第二,将物理概念与生活经历、生产实践、自然现象、物理实验相结合,通过归纳概括得到各物理概念之间的关系。

第三,根据已经形成的物理规律演绎推证出新的物理规律。

让学生经历形成概念的过程,经历发现规律的过程,实质上就是让学生参与了科学探究的归纳推理、类比推理等思维活动。

五、明确概念和规律的内涵和外延

传统物理教学的优点是比较重视讲清物理概念和规律的内涵与外延。而忽略学生在明确物理概念和规律的学习活动中的主体性为其缺点。因此容易造成学生在课堂上听懂了教师对物理概念和规律的内涵和外延的讲述,然而课后却并不真正明确物理概念和规律的内涵和外延的情况。因此,教师需要让学生对概念和规律的表述进行推敲,加深理解,不能仅仅停留在字面的表述上。

明确重要物理概念和规律的要求主要包括:

第一,明确它们的表述是什么;

第二,明确它们表述中各个术语的关系;

第三,明确与相近概念与规律的区别和联系;

第四,明确它们的适用范围和条件。

第五,会用概念和规律分析和解决问题。

传统的物理教学淡化了"学以致用"的教学活动,这样即不利于学生巩固和进一步理解物理概念和规律,也不利于学生明确物理知识的价值。在生活和社会中常常会遇到好多有趣的现象和问题,此时教师可让学生运用物理知识去分析和解决。运用物理概念和规律解释生活经验与自然现象及分析与处理实际问题,能深化和巩固所学的物理概念和规律,也能激发学生学习物理知识的热情。

第三节 学习物理概念和物理规律的思维特征

一、物理概念学习的思维特征

物理概念反映着人类对物质世界漫长而艰难的智力活动历程,是人类智慧的结晶,是人们把握事物的本质特征,成为物理思维的基本单位和有力工具。借助这种概括化的思维形式,人们找到了支配复杂的物质世界的简单规律,建立了物理学理论和方法体系。

(一)物理概念学习的思维特征

物理学的研究,无论是概念的建立还是规律的发现、概括,都需要思维的加工,与一般的思维过程相比较,在共性之中,物理学科的思维又有其个性。

1.假设与验证

为解决某一问题,所必须经历发现问题、认清问题、提出假设、验证假设得出结论。而其中的假设与验证是思维过程的中心环节或关键环节。验证假设的思维是人的认识深化的过程。验证的方法可以是直接的、间接的、推理的,但无论以怎样的方法来作验证,都直接地培养了学生思维的广阔性和深刻性。

2. 转换思维

要求个体及时地更换自己的思维方向,转换思维的方式,改变语言表达方式,以更简捷、有效的方式进行分析、综合。研究对象的转换、物理模型的转换、物理模型和数学模型的转换等是常见的。

3.等效思维

所谓等效，即效果相同。例如矢量的合成分解、等效电路等，都是简化复杂问题的方法。把复杂的对象等效作一个模型，以便能够应用已有的知识去处理。这种等效处理的方法本身，就是一种思维。

4.多级性

辩证法指出事物发展具有螺旋形上升的规律。中学物理概念、和规律的理解都具有阶段性，这就是物理思维的多级性。一个物理问题的提出、解决，其后所牵涉到的问题，可能有许多个环节，问题的解决所经历的思维过程，往往需要分作几个过程、阶段或几个方面、几步。须经历分析、综合的相互转换，往复循环，逐级上升。

5.表述的多样性

表述即表征，中学生的物理表征能力已经成为目前物理教学论研究的一个热点问题。物理问题的表达方式也是多种多样的。概念的每种表述都是一种语言，也都是一种思维。这种表述的多样性，在解决问题的过程中，要求首先对思维的方法要加以选择、优化。选择和优化是对思维的批判性品质的表现，也是思维灵活性品质的表现。物理教学，就需培养学生选择表述方式的意识，学会并掌握物理语言，建立准确地运用适当的语言思考、论述物理问题的习惯和能力。

6.多向性

多向性的思维基础即发散思维或求异思维。许多物理问题的解决，并不只有一种办法。同一个问题，从不同的方面出发，用不同的方法，都可以得到同一个结果。

还有一些问题一般不只有一个结果存在，需要对其作全面的分析，即问题的开放性。而解决这类问题所需要的思维过程，须是开放性的。即依据一定的知识或事实，灵活而全面地寻求对问题的各种可能的答案。这种发散性思维具有灵活性和广阔性，要求个体具有能从常规、呆板或带有偏见的思维方式中解脱出来，把思维从曾经历过的路上转移开来，以探求新的解决办法，能从不同的角度、方向、方面去思考问题。

7.实践性

物理知识的另一个特点是它与实践的紧密联系。许多知识是实践观察的总结。而就概括实践来讲，无论是初级经验的概括，还是高级科学的概括，它又是那么抽象，既具体又抽象的特点，要求解决物理问题的思维，必须具有相应的特点。一些论述需要作抽象的概括,而另一些论述则必须考虑到现实状况,作联系实际的思考。脱离实际必然导致思维的谬误。

8.模型化

物理学科的研究,以自然界物质的结构和最普遍的运动形式为内容。对于那些纷繁复杂事物的研究,首先就需要抓住其主要的特征,形成一种经过抽象概括了的理想化的典型,即理想模型。研究这个模型,建立新的概念,以发现其中的规律性,这种以模型概括复杂事物的方法,是对复杂事物的合理的简化。而抽象概括和简化的过程,也正是人脑对事物的思维加工过程。

在中学物理教学中,模型占有重要的地位。想要把握好物理模型思维,其关键在与引导学生进行合理的分析和抽象概括,有效步入模型这个思维的大门,适应并掌握这种思维形式,具备掌握物理模型的思维能力。

通过对以上物理思维能力的培养,学生既能掌握良好的实验能力又能了解足够的物理知识。并且通过实验不断改善自己的能力。这些能力既能帮助学生学好物理实验,牢固地掌握物理知识,又能激发他们的创新能力,只有足够的积淀才能谈得上创新。

(二)物理概念学习的思维过程

物理概念学习的思维过程体现在以下四个阶段。

1.领会阶段

在这一阶段中,教师主要通过选取适当的方法,激活学生头脑中的原有知识,同化新概念并选择信息的呈现方式,促进学生选择性知觉,使抽象的概念具体化,复杂的概念简单化,密切新概念与原有知识的联系,降低学生在对概念的知觉与认同上的难度。

在物理教学中较为常用的方法有:

(1)实验方法。

心理学的研究表明:语言、文字、图像及不同的呈现信号,对学生的选择性知觉在大脑中存储时间的长短及提取的速度都不同。一个新颖的、明显的信号比常规的信号将更易于记忆和提取。

(2)实践法。

每个人在日常生活中,常通过人体的触觉得到一些体验,在大脑中留下深刻的记忆。在学习时一旦被激活,会对新概念的理解和新知识的学习带来正效应。如物体的惯性,通过人乘车时,车子在突然启动和紧急刹车时的感受,来说明"物体保持原来运动状态"的含义,使学生对惯性的理解更为确切。

还有一类体验，能使抽象的、理论的描述，转化为具体的、实际的情景与直接的感知。如摩擦力的概念，学生对摩擦力的方向"与相对运动的方向相反"的认识最为困难，让学生用手在桌面上滑动，并根据手用力的程度和方向的不同，感受滑动摩擦力的大小和方向的相关因素。通过触觉的亲身感受，不仅使学生对概念有了具体的认识，而且从中体会到将概念具体化的一种方法，使之在今后的学习中能适时适当地应用生活中的体验。

（3）设计先行组织者。

任何一个新知识均可以通过上位概念、下位概念和先行组织者，寻找它与旧知识的联系作为新概念的增长点，促进新知识的学习。因此学生头脑中原有知识的实质内容及其组织形式，是影响新知识学习的重要因素。

在物理教学过程中，在分析学生已有知识的基础上，寻找新概念的悬挂点，使新概念在新知识与旧知识的比较和联系中逐步习得。

2.建立阶段

进行思维加工、寻找本质属性是概念教学的核心环节。

思维加工的过程是：感性材料—科学抽象—本质属性—文字表达—物理量定义式—物理意义—适用范围—对比讨论，关键是让学生经历思维加工的过程。

科学抽象的具体展开过程是：分析—综合—概括—抽象—本质属性。

3.巩固阶段

巩固阶段是指通过概念的组织和辨别，使概念的多维度属性在概念内和概念间建立多种联系，防止概念的混淆和遗忘。巩固的过程不应通过机械的重复和强化训练来实现，而是要通过概念的变式，重组学生认知结构，简约和减轻记忆负担的方法来实现。

学生对概念的认识往往是机械的、孤立的记忆，不能全方位的理解一个概念，这就要求在教学过程中，通过概念的变式，对同一个概念从多角度进行分析，揭示不同的描述方式间的内在联系，使学生从本质上认识所学的概念。

在物理学中若干物理量的比值定义式。如：压强 $p=F/S$、加速度 $a=F/m$、速度 $v=s/t$、密度 $\rho=m/V$、电阻 $R=U/I$，若干形式相似而反映不同关系的表达式很容易使学生产生混淆，必须加以辨别、分类。

概念的网络分布反映了学生对这一概念认识的深度与广度，物理学中的概念均可根据自己的特征以及与其他概念之间的相互联系形成完整的知识结构。

教学过程中教师在帮助学生构建概念网络的同时,要努力寻找描述与这一概念相关的知识点,使得学生的知识结构中的已有概念网络得以延伸和扩展,形成较为完整的知识网络,便于知识在运用时提取所需的信息。

4.应用阶段

概念的应用实际上是对概念认识、理解的继续,是认识的第二次飞跃,是思维的具体回归实践,指导实践的重要一环,也是检验对概念理解程度的重要途径。

经过概念的构建、理解、深化、细化等四个环节的教学,可以说学生对一个新概念的知识图式已经建立。但已建立概念的知识图式是相对平衡、相对稳定的,甚至还有缺陷,只有同化更多的与概念有关的知识或信息,一个完整的概念才能真正形成,从而产生认识上质的变化。

概念的应用是概念学习的高级阶段,一般可分为两个层次:

其一,学习者在掌握领会教材内容的基础上,将习得的概念(知识)用于解决同类问题;

其二,学习者对所学概念的融会贯通,运用所学的概念解决情景新颖的实际问题。

通过概念的应用,使学生对概念的理解达到一定的深度和广度,同时发现学生对概念理解的局限性,以及知识网络中的缺陷,及时调整教学过程。

二、物理规律学习的思维特征

物理学的研究表明,无论是概念的建立还是规律的发现、概括,都需要思维的加工,无论是物理实验学习形象思维特征,还是物理概念学习模型化抽象思维特征,都必须在大量感性材料认识的基础上,经过分析、综合、比较、概括、抽象等思维环节,构成物理规律学习最基本的思维过程。

(一)建立理想过程

我们知道,物理概念是通过抽象概括而建立的物理理想模型;反映物理规律的理想过程或理想状态也是对其纷繁复杂内外条件、特性的理想化处理的成果。

有两种实际的物理过程可以建立理想过程:

其一,研究对象的范围和条件很接近理想状态;

其二,研究对象与理想状态有明显的差距。

理想模型和理想过程是一种高度概括,是概念体系之间的普遍联系,亦即是一种多维思维的形式。这是学生学习物理的困难所在之一。在中学物理教学中,必须引导学生步入由理想模型到理想过程这个逻辑思维领域,适应并掌握这种思维形式,具备掌握物理规律的思维能力。

(二)物理规律思维的多级性

自然规律是相互联系的,一个物理问题的提出、解决,牵涉到许多物理过程和环节。解决所经历的思维过程往往需要分作多个过程或多个阶段,须经历分析、综合的多次转换,往复循环,逐级上升,即物理思维的多级性。

1.思维能力的多级性

这种思维的多级性,要求更高的思维能力,这是对于思维能力培养的一次推进。而对中学生来说,是一个新的水平,也是对思维惰性的一个冲击。从开设物理课开始,要根据学生的思维水平、特征和能力,针对性不断地引导并培养学生发现新问题、解决新问题的敏锐能力,鼓励学生勤于钻研、深于追究的思维品质。

2.思维环节的多级性

一般来说,研究物理规律的思维过程要经过"发现问题、提出假设、验证假设和分析论证得出结论"四个环节。假设与验证是思维过程的中心环节或关键环节。结论与假设有关的,假设是解决问题的多种可能方案。验证的方法,可以是间接的方法,即推理的方法,也可以是直接的检查,即知觉的方法。但无论以怎样的方法来作验证,都直接地培养了学生思维的广阔性和深刻性。

(三)思维的转换

思维的转换要求物理研究者或物理教师及时地更换自己的思维方向,转换思维的方式,改变语言表达方式,以更简捷、有效的方式进行分析、综合。研究对象的转换、物理模型的转换、物理模型和数学模型的转换等是常见的。思维的转换是物理思维的特点,也是学生学习物理感到困难的又一原因所在。

(四)思维的实践性

应用物理思维解决物理问题时必须考虑到现实状况,必须进行联系实际的思考,必须与实践紧密联系,脱离实际必然导致思维的谬误。在物理教学中,必须时刻注意联系实际,以期培养学生具有既能作抽象的概括,又能具体地应用、联系实际的思维品质。

第五章 中学物理实验教学

物理实验是人们根据研究的目的,运用科学仪器,人为地控制、创造或纯化某些物理现象和物理过程,使之按照预期的进程发展,在尽可能减少干扰的情况下进行观测,探求物理现象和物理过程变化规律的一种科学活动。物理实验是物理教学活动的基础和重要手段,是中学物理教学的重要内容之一。

第一节 物理实验中的思想方法

下面介绍几种在中学物理实验中常见的思想方法。

一、比较法

确定研究对象之间的同一性和差异性的基本逻辑方法就是比较,它是人类认识事物的先决条件。物理实验中最基本、最普遍、最常见的方法也是比较法。

在中学物理实验教学中,比较的方法和途径主要有以下几种:

(1)视觉比较;

(2)听觉比较;

(3)触觉比较;

(4)味觉和嗅觉等比较。

(一)视觉比较

(1)液体压强大小的比较;

(2)电压的变化对灯泡明暗的影响;

(3)水在沸腾前后气泡的变化情况等等。

视觉比较是所有比较途径中,最主要的。心理学的研究结果表明:依靠视觉获取的信息占总信息量的 83%。

(二)听觉比较

(1)由于发声体不同,导致音色、音质不同;

(2)比较冷水和热水倒在地上产生的声音大不一样等。

心理学的研究结果表明:靠听觉获取的信息占总信息量的 11%。

(三)触觉比较

用手感觉光滑与粗糙、冷与热等等。

心理学的研究结果表明:靠触觉获取的信息占总信息量的 4.5%。

除此之外,物理实验中有时还需要通过味觉和嗅觉来进行比较。在所有比较途径中,心理学的研究结果表明:靠味觉和嗅觉获取的信息仅占总信息量的 1.5%。

物理学研究中的重要思维方法之一就是比较方法。在中学物理实验教学中应该渗透思想方法的教育,为培养和提高学生的科学素养奠定基础[①]。

二、放大法

物理实验教学中,有一部分实验现象我们无法用肉眼看清楚。为了增强实验的可见度,我们可将这些微小的变化放大,从而使实验现象更加明显。常用的微小放大法有转换放大法、投影放大法、光学放大法、累积放大法、机械放大法等。

(一)转换放大法

将一些不易测量或感知的微小变化转换成其他容易测量或感知的变化称为转换放大法。下面我们以声音为例,具体说明转换放大法。

物体振动产生声音,然而有时振动十分微小,此时学生仅能听到声音,而几乎观察不到振动现象。下面我们可采用转换放大法,使学生看到振动现象,也就是将看不见的振动现象转换成能看见的振动现象:

(1)将一个用细线悬挂的乒乓球靠近正在发声的音叉,乒乓球会被多次弹起;当音叉不发声时,乒乓球不会被弹起。说明声音是由物体振动产生的,振动停止,声音消失。

(2)将一个扬声器放在桌面上,纸盆朝上,将一乒乓球放在纸盆上,用透

---

① 卢巧.物理教学论.成都:四川大学出版社,2010

明罩罩住。当播放音乐时,乒乓球会在罩内随着音乐的节奏而"跳舞"。

(二)投影放大法

利用投影仪或多媒体将一些实验的操作过程或实验的现象放大以达到增强实验可见度目的的方法称为投影放大法。我们以"分子的运动是否与温度有关"为例,将一杯冷水和一杯热水同时放在投影仪上,通过投影,学生可简单分辨出哪杯是冷水,哪杯是热水;再同时向两杯水中加入两滴墨汁,学生会清晰地看到墨汁在热水中扩散得非常快。从而得出:分子的运动与温度有关,温度越高,分子运动越快。

(三)光学放大法

将微小实验现象利用光学原理展示出来,以求增强实验可见度的一种方法称为光学放大法。

在讲解"力的作用效果——力可以使物体发生形变"时,学生很难观察到硬度较大物体的形变。此时我们可以采用"光学放大法"。将一块小平面镜平放在水平桌面上,用激光手电对着平面镜照射,使其反射光斑落在天花板上,在平面镜的旁边用力向下按桌面,此时学生会发现光斑位置有显著移动。光斑移动的原因是桌面在力作用下发生形变,这就说明了硬度大的物体在力作用下也会发生形变。

微小放大法的具体实施路径还有很多,需要我们去发现、去探索。

三、转换法(也称间接法)

在物理实验中,经常会遇到一些不明显而不易观察的现象和不易直接测量的物理量,此时需要将其转化为其他易观察、易测量的物理量,间接地实现可观察、可测量。中学物理中共有 $a_{(加)}$、g、ρ、ε、$r_{(内)}$、$\gamma_{(折射线)}$、$f_{(焦距)}$、$R_{(电阻)}$ 8 个测量物理量的学生实验,几乎都用了转换法。

下面我们给出转换法具体实例分析:

(1)很难直接观察到玻璃瓶的微小形变,如果将毛细管插入在瓶塞上,利用毛细管中液柱的高低来显示,此时观察到的现象十分明显。如图 5.1 所示。

(2)测量一块砖的内对角线。如图 5.2 所示。

转换法是一种常用的物理实验方法,也是一种重要的物理思维方法,能达到化难为易、化繁为简、化不能为能的目的。

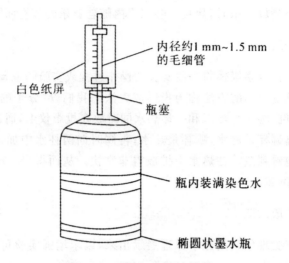

图 5.1　微小形变的转换

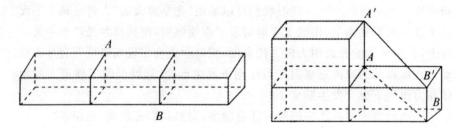

图 5.2　砖的内对角线的转换

四、替代法

替代法的思想:实验者的环境和条件有限,可找一些功能相同的器材代替。一些效果不佳的实验也可用自制教具代替。替代要考虑方便、直观、效果明显①。

下面我们将给出替代法实例:

试验工具:

盛满清水的可乐瓶一个(瓶底有一小孔)、细线一根、米尺一把、小砝码一个、用来盛水的桶一只。

试验目的:试估测水从此瓶底小孔连续流出的平均流量,并进行测量误

_____

①　卢巧.物理教学论.成都:四川大学出版社,2010

差分析。

难点：测时间 t。

方法：用细线和砝码组成单摆作为间接的计时仪器来替代秒表，摆长 L 可用米尺测量得到（水的体积（V）可从可乐瓶的标签上直接得到）。

以 $T = 2\pi\sqrt{\dfrac{L}{g}}$ 作为标准量，数出在水流尽的过程中单摆全振动的次数 N，即可测得时间 $t = NT$。

五、留迹法

留迹法是指在物理实验中，有些物理现象瞬息即逝，如运动物体所处的位置、轨迹等，此时采用一定的方法记录下来，再通过测量或观察来进行研究。

例如：①简谐振动实验中，通过摆动的漏斗漏出的细沙落在匀速拉动的硬纸板上而记录下各个时刻摆的位置，从而很方便地研究简谐振动的图像；②利用示波器显示变化的波形；③用墨水下落在白纸上留下清晰的痕迹来描绘重力的方向。

六、模拟法

在物理实验和物理研究中，有时不能对某些自然现象进行直接观察，或为了将抽象问题具体化，此时则需要人为地创造一定的条件和因素，找出模拟实验和研究对象的共同点，进行仿真实验。剖析研究对象，略去次要因素，提炼需要学生掌握的本质特征为模拟实验思路的要点。

例如，在"确定磁场磁感线的分布"实验中，由于磁感线实际是不存在的，因此采用铁屑的分布来模拟磁感线的存在。

七、控制变量法

在中学物理实验中，控制变量法是最基本、最常见、运用最广泛的一种方法。

例如：研究影响压力的作用效果的因素；研究影响液体压强大小的因素；探究影响浮力大小的因素；研究影响动能大小的因素；探究影响重力势能大小的因素。

八、外推法

"外推法"是中学物理中常用的方法,它是在图像法的基础上,将图线经过适当延长,使之与坐标轴相交,然后研究交点的物理意义及由此而说明的物理原理。

除此之外,还有许多实验思想方法,如共轭法、平衡法、补偿法等。

第二节　物理实验的分类与作用

一、物理实验的分类

根据不同的分类标准,中学物理教学实验有不同的分类。

(一)技能训练实验、测量性实验、验证性实验和探索性实验

根据实验知识、技能、能力等训练的目的和功能的标准来分类,中学物理实验可分为技能训练实验、测量性实验、验证性实验、探索性实验几类。

1.技能训练实验

技能训练实验分为如下两种类型:

一种是让学生掌握基本实验仪器的调整、操作、使用方法以及注意事项;

另一类是让学生巩固和应用所学物理知识,提高理论联系实际的能力以及训练学生的实际操作技能的实验。

在中学物理实验中,所有实验项目都有技能训练的要求,进一步实验教学的基础就是技能训练实验。教师要指导学生通过严格的实验训练,从而达到学生可以进行有效的模仿,能够根据实验目标,准确地完成实验操作和实验任务,并能初步学会排除实验故障,初步学会分析实验误差及其产生原因,写出完整的实验报告①。

---

① 朱铁成.物理课程与教学论.杭州:浙江大学出版社,2010

2.测量性实验

测量性实验是在学生具备基本的实验技能的条件下,对未知的物理量或物理常数进行测定。大量的测量性实验是间接测得物理量,并要进一步进行误差分析,或进行测量方法的比较。"任务驱动—实验操作—分析评价"为测量性实验教学方式的一般流程。教师要引导学生明确实验的任务、掌握所依据的原理为做好测量性实验的关键。

3.验证性实验

验证性实验一般分为如下两类:

一类是学生没有学习相应的知识或规律,然而已对相应的知识或规律做出了有根据假设,为了验证这种假设的正确性,设计实验进行验证;

另一类是安排在学生学习了物理规律之后做的实验,目的在于验证所学物理规律的正确性。从教学方式来看,这类验证性实验的教学属于"理论学习—实验验证"的方式。

无论哪一类验证性实验的教学,都要发挥实验教学发展性的教育功能。教师引导好学生设计实验教学活动为其关键所在。要让学生明确实验的设计思想和实验原理,自己构想实验方法,控制实验条件,在实验中测量数据,并对数据进行有效的处理,从中归纳实验的结论,从而验证所学的规律或猜想假设。

4.探索性实验

学生在未知所探求知识或规律的前提下,通过实验设计、实验操作、实验分析,对这些知识或规律进行科学认识的实验形式称为探索性实验。在中学物理中,例如"通过实验认识滑动摩擦、静摩擦的规律","用打点计时器或光电计时器探究恒力做功与物体动能变化的关系","通过实验探究,了解气体的实验定律"等等。这些内容都可以根据教学的实际情况,把实验安排成探究性的形式来进行。

从实验教学方式来看,物理探究性实验教学的基本方式是:创设情境—提出问题—实验探究—形成结论—交流讨论。

为了达到良好的探索效果,以学生设计为主的探究性实验应当注意以下几点:

第一,选题要合适;

第二,注重过程和方法;

第三,重视讨论、交流和评估。

（二）常规物理实验与数字化实验

物理实验按照是否要用到信息技术分类，可分成两类：常规物理实验和数字化物理实验。

1. 常规物理实验

常规物理实验是用传统手段和方法来进行的实验。许多常规物理实验具有以下优点：

（1）实验器材简易；

（2）操作方便；

（3）现象生动；

（4）过程有趣。

因此常规物理实验在激发学生学习物理兴趣和培养学习动机，培养学生的观察和实验能力，培养实事求是的科学态度方面，具有不可代替的重要作用。此外，教师需要鼓励利用学生身边工具做实验。倡导用日常工具做实验，这样可实现提高学生动手能力、培养创新意识、提高科学素养的目的。

2. 数字化实验

数字化实验主要有基于虚拟和 DIS 实验。虚拟实验主要利用虚拟现实技术而做的非真实的实验；DIS 实验主要由真实实验装置、数据采集器、传感器、计算机及其分析软件构成的实验系统。

DIS 实验系统是基于 MBI（Microcomputer－based Lab）技术。DIS 实验系统主要由"计算机数据采集系统（DIS）"及配套的专用实验仪器等组成。

许多物理实验涉及大量的测量采集、数据测量、绘制规律的曲线和图象，这些工作通常是非常耗时的，而且绘制的曲线和图象又很难以说明问题。随着中学物理实验室 DIS 实验系统的配置，在不久中学物理教学中运用 DIS 实验将越来越普及。

（三）"学生实验"、"实验"、"演示"、"边学边实验"、"物理课外实验"等

中学物理教材中的实验，按照它们在物理学中和物理教学中的地位、用时长短、难易程度、学校的器材条件，分成以下几类：

1. "学生实验"

学生实验是在物理实验室中做的定量实验，是由学生动手操作、观察现象和使用仪器进行测量，以及处理数据和分析结果的学习活动。

学生实验的主要作用是：在教师的精心组织和指导下，学生通过操作、

观察、思维,规范地培养其实验技能和实验素养,从而达到学生对所学物理知识灵活运用的目的。

在中学物理教学中,学生实验可分为:使用型实验、验证型实验和设计型实验等。

(1)测量型实验。

测量型实验是学生在教师的指导下,根据实验要求.使用合适的测量工具,通过亲自动手、规范操作、科学比较,从而得出待测物理量值的实验。这类实验可分为直接测量实验和间接测量实验。

熟悉和使用仪器设备的能力,简单的操作能力为这类实验对能力培养的侧重点。

(2)验证型实验。

验证型实验是学生在教师的指导下,针对所学的物理知识,按照规定的程序,通过自己动手操作、观察现象和分析处理数据,利用所得的实验结果来验证所学物理知识的正确性。

观察能力、分析归纳能力和数据处理能力为这类实验对能力培养的侧重点。

(3)应用型实验。

应用型实验是学生在教师的指导下,针对所学的物理知识,通过自己亲自动手操作,直接进行相应的实际安装或检修等。

培养学生的应用能力和实际技能为这类实验对能力培养的侧重点。

(4)设计型实验。

设计型实验是在其他实验的基础上,综合运用实验中的思想方法和各类实验器具,在不同的环境和条件下,提出切实可行的实验方案,并能付诸实践,达到解决实际问题的目的。

思维创新能力和对知识的迁移能力为这类实验对能力培养的侧重点。

设计型实验的原则:

第一,科学性原则;

第二,安全性原则;

第三,精确性原则;

第四,简便性、可操作性原则。

学生分组实验的教学过程:

第一,课前准备阶段;

第二,课内操作阶段;

第三,课后总结阶段。

学生分组实验的特点是由学生操作控制,独立地进行观察与记录,并做推理总结。学生的记录经过误差分析后,再排除故障和改进实验,最后完成实验。

分组实验与演示实验不同,一般需教师启发帮助。在学生能力的培养方面,分组实验优于演示实验。特别是在基本仪器的使用技能技巧、实验仪器及装置的认识、实验基本方法的了解等方面,分组实验有其独特的优势①。

在学生分组实验教学中,应从实验原理出发,让学生在掌握仪器的一般使用方法的基础上,学会合理选择仪器,安排实验步骤,控制实验条件。让学生真正从只记结论、不管过程的误区中解放出来,消除背实验的现象。

2."实验"

"实验"栏目中的实验都是要求学生亲自动手做的随堂实验,这类实验相比学生实验具有如下特点:

(1)实验简单;

(2)耗时短;

(3)多数是定性实验。

3."演示"

一般是由于器材或其他因素所限,演示实验主要由教师来做的实验。在课堂上由教师操作,学生主要是观察、思考、讨论。有些演示的操作应该有学生的参与。

演示实验的功能:

演示实验能够化枯燥为生动,化抽象为具体,创设情景,激发兴趣。演示实验的一切功能都离不开观察,是培养观察能力的重要途径,同时还有助于深化学生对物理概念和规律的理解,对学生的实验操作起示范作用②。

在演示实验中教师需要注意如下两点:

第一,指导学生进行观察;

第二,实验与培养思维相结合。

演示实验的基本要求如下:

第一,目的性强;

第二,成功率高;

第三,现象明显;

第四,简单直观;

第五,示范性好。

① 解世雄.物理教学论课程的理论与实践探究.广州:广东高等教育出版社,2013
② 卢巧.物理教学论.成都:四川大学出版社,2010

4.“边学边实验”

边学边实验是教师一边讲授,一边指导学生做有关实验,从而使学生学习一定的物理知识和技能的实验教学形式。它是一个比较新的实验类型。边学边实验方法的优点:

(1)它具有学生实验的一切功能和作用;

(2)能充分发挥学生的主体作用;

(3)有利于发挥教师的主导作用。

在教学改革中,边学边实验的方法越来越受到重视和欢迎。

边学边实验的类型:

(1)认识型边学边实验。

对认识和使用基本物理仪器的教学,可将这些物理仪器按组发给学生,教师在讲授相关内容时,让学生观察、熟悉这些仪器,认识它们的结构和功能,掌握它们的使用方法[①]。

(2)探索型边学边实验。

对于教材中一些内容较简单、适合学生动手、动脑去探索的物理概念和规律,此时教师可以提出问题,由学生设计方案,进行实验研究并讨论归纳,做出结论,发表研究报告。

(3)观察型边学边实验。

有些实验现象可见度差,此时学生观察不清,从而造成学生感性认识不足。对这类不宜演示的重点实验,可以改做边学边实验,让学生零距离观察实验现象。

(4)体验型边学边实验。

如物体浸没水中不同深度,浮力保持不变;电流与电压、电阻有正反比关系等。

边学边实验的特点:

(1)小。

1)内容少;

2)所用时间短;

3)实验规模小,边学边实验所用器材少,占用空间小;

4)学生分组小。

(2)易。

1)实验原理简单;

① 李新乡,张军朋.物理教学论(第二版).北京:科学出版社,2009

2)器材操作方便；

3)实验步骤简单；

4)实验现象明显，易于观察，数据较少，便于分析整理；

5)环境条件要求较低，一般在教室内即可完成。

(3)活。

1)实验方法灵活；

2)实验的时机灵活。

边学边实验的基本要求：

1)目标要明确；

2)成功率要高

3)要安全、可靠；

4)要简单易做，最好能够用自制仪器。

边学边实验的基本步骤：

1)引入实验；

2)教师讲解；

3)学生进行实验；

4)学生处理数据，得出结论；

5)交流和讨论；

6)应用练习。

5."物理课外实验"

学生根据教师布置的任务和要求，在课外采用一些简单的仪器或者自制的仪器进行独立的观察和实验称为课外实验。

课外实验的类型：

(1)观察型课外实验。

对这类课外实验的要求和指导应当经常化，扩大学生的观察视野、培养学生的观察能力为其重点，引导学生养成用物理知识解释大自然各种奇妙现象的习惯，从而提高学生的观察能力。

(2)补充型课外实验。

课堂实验教学大多数是针对当时教学基本要求所设计的，在内容上是特定的、有许多实验，既抽象又难以操作和理解。学生有时不能完全掌握。因此需要利用课外实验对课堂实验进行必要的补充。

(3)探究型课外实验。

帮助学生掌握物理知识，并学会实验研究方法为探究型课外实验的目的所在。在课外实验中可以运用自己的经验和已有知识去探究新现象，总结新规律，学到新的知识。

(4)制作型课外实验。

创造条件让学生根据要求自己动手制作实验教具与学具具有重要意义。在进行这类实验活动时,要注意把制作仪器与应用仪器研究问题结合起来。

课外实验的特点:

(1)生动有趣。

课外实验的特点是学生课外独立完成,要求实验课题必须是学生感兴趣的,能满足自己的好奇心和求知欲,实验的成果能使学生体验到成功的快乐。课外实验就是一个生动有趣的课外活动。

(2)形式自由。

课外实验的组织形式是非常自由的。其自由表现在如下方面:

第一,时间自由;

第二,空间自由;

第三,人员自由。

(3)效果明显。

在实验中能应用到所学的物理知识,创造性解决问题,课外实验活动取得的效果往往是课堂教学所不能达到的。

课外实验的基本要求:

(1)内容要有意义。

课外实验的培养目标如下:

第一,丰富教学内容;

第二,激发学生学习物理的兴趣;

第三,培养学生应用所学知识解决实际问题的能力;

第四,培养学生的观察能力、实践能力和创新意识;

第五,培养学生实事求是、严肃认真的科学态度和科学精神。

(2)实验过程必须简单、安全。

课外实验的实验方法通常比较简单,仪器不需要特殊的,提倡使用自制的仪器进行实验。

(3)布置课外实验时,要做到统一要求和因材施教相结合。

例如,观察方便的实验可对全班学生作统一要求,难度较大的实验可只要求少数有条件的学生去做。

(4)教师要重视对学生实验方法的指导、点拨。

学生在实验时,因为经验的局限,实验过程中总会有不够完善或者不成功的地方,此时教师要及时地给学生适当的点拨、指导。

(5)课外实验的活动形式要丰富多彩。

第一,组织课外科技活动;

第二,教师应根据教材编排,灵活地布置观察性实验;

第三,多做补充性实验;

第四,结合教材布置或指导学生课外小制作;

第五,指导学生多做趣味性小实验。

课外实验的过程:

1)实验课题的选取;

2)课外实验的设计;

3)课外实验的实施;

4)课外实验的成果总结。

评价课外实验时要注意以下三个问题:

(1)评价的宗旨在于促进学生的发展。

评价应使学生的多方面潜能得到展示,帮助学生实现自我认识,从而实现学生在已有水平上的发展。

(2)全面评价。

评价主要包括如下三个方面:

1)对相关知识和技能的评价;

2)对课外实验过程、方法和能力的评价;

3)对态度、情感和价值观的评价。

(3)评价的主体应当多元。

为使评价更加客观,评价时还要参考学生的自我评价和同组同学的评价。

二、物理实验的作用

人们根据研究目标,利用科学仪器、设备,人为地控制或模拟自然现象,排除干扰,在有利条件下去研究自然规律的一种活动称为实验。物理实验在物理学发展中具有以下作用①:

第一,在实验的推动下物理学走上了科学的道路。

意大利物理学家伽利略是真正将实验方法作为一种自觉探索自然规律的科学方法。

古希腊思想家亚里士多德认为,物体是否受力以及受力的大小直接决定着速度的有无和大小,地面附近重的物体下落得比轻的物体快。直到16

---

① 解世雄.物理教学论课程的理论与实践探究.广州:广东高等教育出版社,2013

世纪,伽利略最先通过落体实验证实了该观点的错误。

匀速运动和匀加速运动的概念也是由伽利略引入的,并确信自由落体是一个匀加速运动。他通过数学分析提出这样一个关系式:

$$\frac{s}{t^2} = 常数$$

上式中 s 表示下落的距离, t 表示下落的时间。伽利略通过斜面实验,证明了物体在重力作用下做加速运动的性质,并总结出从静止开始运动做等加速运动的普遍公式。伽利略应用实验方法研究物理规律,对物理学的发展作出了重大的贡献。

第二,从实验中可直接概括出物理规律。

物理学的基本研究方法为实验方法,当其被确认后,许多科学家对物理现象进行了系统的实验研究,并归纳出物理规律。

第三,新的实验事实挑战旧理论,并且成为新理论创立的起点。

如光电效应实验是经典理论无法解释的,爱因斯坦提出光量子假说,从而使光电效应得到了圆满地解释,给出了爱因斯坦光电效应方程的公式:

$$h\nu = A + \frac{1}{2}mv^2$$

爱因斯坦该贡献推动了对光本质认识的进程。

第四,理论的确定有赖于实验的检验。

如麦克斯韦在 19 世纪 20 年代,通过大量实验提出了"涡旋电场"和"位移电流"假说,建立了著名的麦克斯韦方程组。直到 1887 年,赫兹利用特制的谐振器作为接收器,接收由莱顿瓶放电发出的电磁波,并做了电磁波的反射、折射和偏振实验,测出电磁波速度与光速度同数量级,从而证实了麦克斯韦理论的正确性。

第三节　中学物理基础实验方法

一、杠杆平衡法

使用杠杆平衡法测定钢尺的质量。

实验器材:钢尺(毫米刻度)、三角刀口架、标准砝码(10.00g)、镊子。

实验概述:

步骤1：将质量为 M 的钢尺放在三角刀口上使其保持平衡，测定其重心位置 X_M；

步骤2：在支点左边用镊子夹砝码并放好，调节支点位置 X_0 和砝码位置 X_m，使系统在刀口上保持平衡，如图5.3所示；

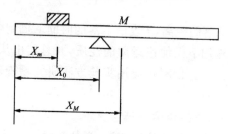

图5.3　杠杆平衡分析图

步骤3：按照力矩平衡原理，则有

$$mg\mid X_m - X_0\mid = Mg\mid X_M - X_0\mid,$$

通过测量可得 X_m 和 X_0；

步骤4：把砝码放在支点的右边，重复进行上述实验，可得

$$mg\mid X'_m - X'_0\mid = Mg\mid X_M - X'_0\mid$$

测量 X'_m 和 X'_0。从而有

$$M = \frac{m}{2}\left[\left|\frac{X_m - X_0}{X_M - X_0}\right|\right] + \left[\left|\frac{X'_m - X'_0}{X_M - X'_0}\right|\right]。$$

二、落球法

用落球法测定重力加速度（自由落体）。

实验器材：如图5.4所示，直立支柱 D（上端有一个电磁铁 M）、支柱上有两个光电门 E_1、E_2（E_1、E_2 可以沿支柱上下移动）、标尺 R、数字计时器 T、开关 W（控制电磁铁）、小铁球 F。

实验概述：

（1）如图5.4所示，计时器与光电门 E_1、E_2 的连接方式如下：

E_1 遮光表示计时开始，E_2 遮光表示时终止计时，计时器显示两次遮光之间的时间。

（2）通过下述方式可以消除剩磁的影响和解决小球自由落体实际高度不便测量的困难。

如图5.5所示，将 E_1 靠近顶部位置 A，E_2 放在中间位置 B，在标尺上读出 AB 之间距离 h_1。启动电磁铁将小球吸住，然后断开 W，小球开始落

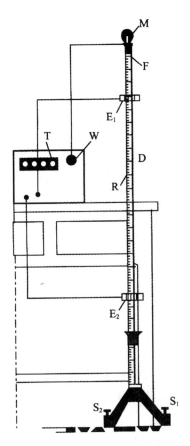

图 5.4　落球法实验器材

下,此时计时器显示小球经 h_1 的距离所需的时间为 t_1;然后,将 E_2 放在接近底部的位置 C,读出 AC 间的距离 h_2,上述步骤重复进行,记录小球经过距离 h_2 时所用的时间 t_2,则有

$$h_1 = V_0 t_1 + \frac{1}{2} g t_1^2$$

$$h_2 = V_0 t_2 + \frac{1}{2} g t_2^2$$

小球经过 A 点的速度为 V_0,根据上述两式可得

$$g = 2 \frac{\dfrac{h_2}{t_2} - \dfrac{h_1}{t_1}}{t_2 - t_1}$$

注意事项:

(1)上下两个光电门的中心一定要保持在一条铅垂线上,且保证下落的

图 5.5

小球中心通过光电门的中心；

（2）调节支柱铅垂。

三、振动法

采用振动法测量弹簧的有效质量 m_0 和倔强系数 k 。

实验器材：约利弹簧秤、待测弹簧、秒表、0.5g 砝码片 5 个、毫米方格坐标纸等。

实验概述：

（1）把一个质量为 M 的物体挂在弹簧下端，将物体沿竖直方向偏离平衡位置后放手，在弹簧恢复力的作用下，如果忽略阻力的影响，此时物体作简谐振动，忽略弹簧自身质量的影响，弹簧的振动周期为 $T = 2\pi\sqrt{\dfrac{M}{k}}$ 。如果将弹簧本身质量的影响考虑在内，并且用有效质量 m_0 表示时，此时弹簧的振动周期为 $T = 2\pi\sqrt{\dfrac{m' + m_0}{k}}$ ，其中 $m' = m_1 + m_2 + m$ ， m_1 表示附件中带有刻痕线镜片的质量； m_2 表示为砝码盘的质量； m 表示为所加砝码的质量。

（2） $T^2 = \dfrac{4\pi^2}{k}(m_1 + m_2 + m) + \dfrac{4\pi^2}{k}m_0$

砝码盘内砝码的质量逐次改变，依次测出其相应的周期，如表 5.1 所示。（设 $m_1 + m_2 = 3\text{g}$ ）。

表 5.1

$m_1 + m_2 + m$	3.5g	4g	4.5g	5g	5.5g
$t = nT$					
T^2					

(3)作 $T^2 - m$ 图。

通过 $T^2 - m$ 图求解斜率 $\dfrac{4\pi^2}{k}$,从而可得到弹簧倔强系数 k 。采用外推

法到 $m_1 + m_2 + m = 0$ 处,得到 T^2 轴上的截距为 $\dfrac{4\pi^2}{k}m_0$,从而可求 m_0 。

注意事项:

(1)起振方法要正确,向上托起砝码盘,作为离"钩"时的"幅度"大小,放置平衡,再向下拉一定"幅度"轻放;

(2)开始计时必须振动稳定,采用累计计时法测周期;

(3)在直线上需要找较远的两个数据点求斜率。

四、伏安法

用伏安法测量电阻。

实验器材:

稳压电源、电压表(内阻 R_V)、电流表(内阻 R_A)、待测电阻 R_X 、单刀开关、导线等。

实验概述:

当直流电流通过待测电阻 R_X 时,此时采用电压表测出待测电阻 R_X 两端电压 U ,同时使用电流表测出通过待测电阻 R_X 的电流 I ,再按照欧姆定律 $R = \dfrac{U}{I}$ 计算得出待测电阻 R_X 的数值。上述方法称为伏安法,该方法的主要用途是测量电阻,特别适用于测量非线性电阻的伏安特性。

用伏安法测电阻,很难做到同时测准待测电阻 R_X 的电压和电流,其原因为在实际测量中,采用电流表外接法(内接法),均会存在一定的误差。所以,为达到减小测量误差的目的,对于阻值不同的待测电阻,应选择不同的电路。

(1)电流表外接法。如图 5.6 所示,在该电路中电流表给出的电流 I_A ,应等 $I + I_V$ 其中电流 I 表示电阻 R_X 上通过的电流,电流 I_V 表示电压表上通过的电流,则测量绝对误差 ΔI 主要来源于 I_V ,即 $\Delta I = I_V$,根据 $\Delta IR_V = IR_X$,相对误差

$$U_{rI} = \frac{\Delta I}{I} = \frac{R_X}{R_V}。$$

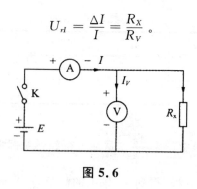

图 5.6

(2)电流表内接法。如图 5.7 所示，U_V 为电压表给出的电压，是电阻 R_X 上的电压 U 与电流表上的电压 U_A 之和，电流表上的电压降是测量绝对误差 ΔU 的主要来源，即 $\Delta U = U_A$，按照 $\frac{\Delta U}{R_A} = \frac{U}{R_X}$，相对误差 U_{rU} 为：

$$U_{rU} = \frac{\Delta U}{U} = \frac{R_A}{R_X}。$$

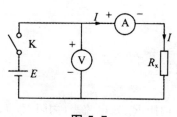

图 5.7

(3)电流表内、外接法的判别式。

可知当待测电阻 $R_X > \sqrt{R_A R_V}$ 时，此时表明电流表内接法与电流表外接法相比较优；反之，$R_X < \sqrt{R_A R_V}$ 时，则应采用电流表外接法优于电流表内接法，可减小由于电表内阻引起的系统误差。

注意事项：

(1)根据仪表实际分度情况确定有效数字位数；

(2)电表接入电路时的极性；

(3)正确使用电流表内、外接法判别式。

五、半边法

使用半边法测量电流表的内阻 R_g。

实验器材：待测电表 A、标准电表 A_1、两个开关、两个电阻箱、电池、导线等。

实验概述：

利用电表的满偏电流与半偏电流之间的关系，求出电表的内阻 R_g 为半边法测量的原理所在，测量线路主要有以下两种形式：

1.第一种形式

标准的恒流半偏法，即整个测量过程保持回路电流 I 不变，从而消除 R_2 并联后对回路电流的影响，如图5.8所示。

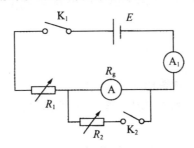

图 5.8

(1)按图5.8进行接线，K_2 断开，K_1 合上，调节 R_1，使 A 指示满刻度，此时记录 A_1 的示数 I。

(2)合上 K_2，R_1、R_2 合理调节，使 A 指针在满刻度一半的位置，保持 A_1 示数仍为 I。

(3)因为回路电流 I 恒定，而 A 支路电流半偏转为 $\dfrac{I}{2}$，那么此时 R_2 支路电流也为 $\dfrac{I}{2}$，所以电表 A 的内阻有 $R_g = R_2$。

2.第二种形式

第二种形式，如图5.9所示。

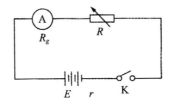

图 5.9

(1)按图5.9进行接线，调节电阻箱 R 到 R_1 值，使电表指示满刻度 I_1。

(2)再调节电阻箱 R 到 R_2 值，使电表指针在满刻度一半的位置，此时电表示数为 $I_2 = \dfrac{I_1}{2}$。按照闭合电路欧姆定律，两次调节达到要求后，分别有：

$$E = I_1 r + I_1 (R_g + R_1) ;$$
$$E = I_2 r + I_2 (R_g + R_2) 。$$

式中 $I_2 = \dfrac{I_1}{2}$ ，E 表示电源电动势，r 表示电源内阻,解得电流表内阻

$R_g = R_2 - 2R_1 - r$ 。如果忽略电源内阻 r ，则：$R_g = R_2 - 2R_1$ 。

注意事项：

需估算限流电阻的大小,阻值由大向小调,防止电表损坏。

六、位移法

用位移法测量薄凸透镜的焦距 f 。

实验器材：光具座、光源、物屏、像屏、待测透镜。

实验概述：

取物屏与像屏之间的距离 A 大于透镜焦距 f 的四倍,将两屏的位置固定。保持 A 恒定不变。移动透镜,那么此时必能在像屏上两次成像。如图 5.10 所示,第一次使物距为 u_1 ,得放大像,像距为 v_1 ；第二次使物距为 u_2 ,得缩小像,像距为 v_2 ；透镜在二次成像之间的位移为 l ,根据光线的可逆性原理,这两个位置是对称的,即：$u_1 = v_2, u_2 = v_1$ 。

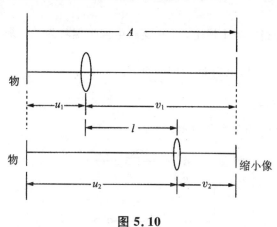

图 5.10

根据图 5.10 可知

$$A - l = u_1 + v_2 = 2u_1$$

因而

$$u_1 = \frac{A - l}{2}$$

而

$$v_1 = A - u_1 = A - \frac{A-l}{2} = \frac{A+l}{2}$$

所以

$$f = \frac{u_1 v_1}{u_1 + v_1} = \frac{\dfrac{A-l}{2} \cdot \dfrac{A+l}{2}}{A} = \frac{A^2 - l^2}{4A}$$

所以仅需要测出 A, l,即可算出 f。

不需考虑透镜的厚度、光心位置为位移法的优点。

注意事项:

(1)共轴调节;

(2)保持两屏之距不变;

(3)多次测量求平均。

第六章　中学物理教学设计

物理教学设计是指以物理教学过程最优化为目的,在一定的教学思想、教学理论的指导下,根据学生学习和心理发展的实际,系统地分析和诊断物理教学问题、确定物理教学目标、设计有效的教学策略、制订教学方案、试行教学方案、评价教学方案的试行结果、修改并完善教学方案的全过程。

物理教学的基本形式通常包括:物理概念教学、物理规律教学、物理实验教学、物理练习教学和物理复习教学等。

第一节　物理教学设计的内容与方法

一、物理教学设计的主要环节

一般将分析教学需求、制定教学目标、选择教学策略和开展教学评价看做教学设计过程的四个基本环节。为了简洁、概括性地反映教学设计的主要环节,可以将教学设计过程的各个主要环节之间的关系用流程的形式来描述,如图 6.1 所示。

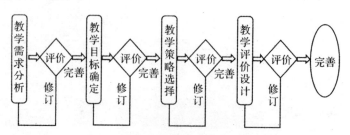

图 6.1　物理教学设计的基本环节

前期分析是教学设计的基础,任何教学设计过程要建立在对学习需要、教学对象、教学内容等方面充分而准确的分析基础上。

教学目标就是在前期分析的基础上,明确学生要完成的学习任务,拟定学生要达到的学习目标。而这些教学目标既是教学过程出发点,也是教学过程的归宿。为了有效达到教学目标,就要对如何选择学习内容和学习方法进行设计,对有助于高效益实现学习目标的教学策略进行设计,对学习活动需要的教学手段进行选择。

另外,为了保证整个教学设计的有效性,就要根据前期分析和教学目标,对教学设计通过评价并进行修订,制定出完善的教学设计。

二、物理教学设计的内容

物理教学设计的内容主要包括六个方面:教学任务分析、教学对象分析、教学目标设计、教学策略设计、教学媒体设计和教学评价设计。

1.任务分析

对教学任务进行分析不仅要求对所要学习的内容在物理学知识体系中所处地位的分析,还要求对所要学习的内容在学生发展和实现学校培养目标方面作用的分析。对学生应学习哪些知识、技能及态度,即确定学习内容的范围与深度的分析;对所要学习内容中各项知识与技能关系的分析,为教学程序的安排奠定基础。

2.对象分析

在教学设计中,学生是核心。学生学习新知识前所具备的知识和技能、所持的态度与了解程度是教学成功与否的重要因素。因此对教学对象进行分析是教学设计的基础。我们应分析学生在学习新知识前所具有的一般特征,确定学生的初始状态,注意学生认知结构的特点,了解学生的准备状况。

3.目标设计

在对教学任务和教学内容进行分析的基础上,要对课时教学目标进行设计和编写。教学目标应说明学生学习结果,并以具体、明确的术语加以表述,在教学活动前,必须把教学目标明确地告知学生,使师生双方都明确教学目标,做到心中有数,以使教学、学习活动有的放矢。

一个完整、具体、明确的物理教学目标应包括行为对象(教学中学习的主体是学习者)、行为动词(所使用的表达学习目标的行为动词要具体准确,尽可能使之具有可评估、可理解的特点)、行为条件(影响学习者产生学习结果的特定的限制或范围)和行为程度(教学所要达到的最低标准或水平)。

从上述四个方面表述教学目标的方法称为"ABCD"法。

4.策略设计

物理教学策略是指在物理教学目标确定下来以后，根据一定的物理教学任务和学生的认知特征、情感特征以及动作特征，有针对性地选择与整合相关的物理教学活动、教学方法以及教学组织形式，并计划和安排好教学时间，形成具有效率意义的实际教学方案。物理教学策略设计是物理教学设计的非常重要的环节，包括教学活动的安排、教学方法的选用、教学组织形式的选择和教学时间的安排等四个方面。

5.教学媒体设计

教学媒体，是承载和传递信息的载体，指在教学过程中教师与学生之间传递以教学为目的的信息所使用的媒介物，是众多教学材料的总称。它包括语言媒体、文字媒体、图表媒体、幻灯投影媒体、影视媒体、计算机多媒体系统等多种类别。

教学媒体在物理教学中尤为重要，不可或缺。教学媒体有许多种类，各种教学媒体各有所长、各有所短，没有一种能对所有教学情境都适用，我们应遵循"经济有效"的原则来选择教学媒体。不仅要选择教学媒体，还要设计教学媒体。教学媒体的设计是根据教学的实际需要和具体要求，把教学内容与方法转换成由多媒体手段展现的、同时运用视听等方式的教学模式，充分利用多媒体的模拟、重复再现、改变时空、加快信息反馈等作用把教学内容展示给学生，使学生用最少的时间和精力以及最简捷的方式来获得最大的学习效果。

6.教学评价设计

物理教学评价设计是解决物理教师教得怎样、学生学得如何的问题的。物理教学评价是根据一定的标准或指标体系，运用各种有效的方法和手段收集有关的信息，对物理教学活动效果、物理教师教学效果和学生学习效果进行价值判断的过程。

进行物理教学评价首先要选择被评价对象，通过多种方式收集物理教学评价所需要的资料，然后采用分析、归纳和综合等手段或数学统计方法进行整理和解释，最后形成一份物理教学评价的报告作为对整个物理教学设计的判断和反馈。设计者再根据反馈信息修正和完善物理教学设计。

三、物理教学设计的过程

针对不同类型的知识特点，物理教学设计的具体方法和步骤会有所不同，但进行设计的总体思路应该是完全一致的。可以从明确目标、把握内容、制定策略与方法到权衡利弊,即从教什么和为什么教、怎样教、教得怎样几个方面入手,形成各层次的教学系统,基本步骤如下。

1.确定单元教学目标

教师开始对物理教学进行设计时,要求对本课程的教学目标做到心中有数然后根据教学目标的要求,结合教学内容制定出单元的教学目标。

2.明确单元教学内容

这一步工作是把握教学内容的分类,明确这些内容是由哪些要素构成的、要素和要素之间的关系是如何构建的,从而把握教学内容和它的层次结构以及为了达到终点目标所需掌握的从属技能。

3.学生学情分析

只有从学生的实际出发,才能在教学过程中有的放矢。因此,必须根据教学任务,分析学生学习新知识所必须具备的原有知识基础和能力以及学生学习新知识所需要的情感准备,确定教学的切入点。

4.问题分析

根据教学任务和学生学习的情况,确定单元教学的重点和难点,分析单元教学的基本要求,确定单元的课时分配计划。

5.确定课时教学目标

通过上述分析,即可制订详细的课时教学目标。由于教师必须根据课时教学目标选择和组织教学内容、设计教学策略和方法,并根据教学目标来评价教学效果,因此课时教学目标必须是确切而具体的。

6.选择教学策略

教学策略的选择要立足于学生的实际,符合学生的认知规律,注重理论与实践的结合,充分发挥学生的主动性和创造性。

7.选择教学方法和媒体

教学方法和媒体的选择要充分利用学校的现有条件和周边的有利环境,注意发挥教师自身的特长,注重教学方法的优化组合。

8.设计教学过程

应当用系统科学方法来指导教学过程的设计,合理地安排教学过程结构,使教学过程的各个环节协调紧凑、一气呵成,让教学系统的整体功能得到最大限度的发挥。

9.教学评价

对所制订的教学方案的可行性以及实施后的效果,做出客观的、实事求是的价值判断,是教学系统设计的归宿。通过教学评价,知道可能获得的教学效果,使其更为完善、更具有实施价值。

第二节 物理概念课教学设计

概念是"反映对象本质属性的思维形式",它具有高度的概括性和抽象性。人类要认识自然、改造自然,掌握事物的本质,就必须运用概念并不断地发展与深化概念。只有切实掌握基本概念,并以此为基础,才能起到扩大和加深基础知识的作用,才能使学生获得进一步探索知识的主动权。

一、物理概念的特点和研究方法

(一)物理概念的特点

概念是反映客观事物本质属性的一种抽象。物理概念不同于人们在生活经验基础上形成的日常概念,甚至有许多物理概念与日常经验完全相反。因此,要进行物理概念教学,首先要认识物理概念的特点。

1. 是观察、实验与科学思维的产物

物理概念是物理对象的本质属性在人的头脑中的反映,是在观察、实验的基础上,运用科学的思维方法,排除片面的、偶然的、非本质的因素,抓住一类物理现象共同的本质属性,加以抽象和概括而形成的。在物理概念的形成过程中,感觉、知觉、表象等是基础,科学思维是关键。

例如,天体在运行,车辆在前进,机器在工作,人在行走等等。尽管这些现象的具体形象不同,但会发现一个物体相对于另一个物体的位置随时间在改变。于是,我们把这个从一系列具体现象中抽出来,又反映着这一系列现象本质特征的抽象,叫做机械运动,机械运动就是一个物理概念。

2. 具有确定的内涵与外延

物理概念和日常用语不同,它的内涵有明确的定义,外延也有确定的范围。物理概念的内涵就是指概念所反映的物理现象、物理过程所特有的本质属性,是该事物区别于其他事物的本质特征。物理概念的外延则是指具有该本质属性的全部对象,即通常所说的适用范围。

例如,在日常生活中,"热"是一个具有多种含义的字。人们常说"今天天气很热","摩擦可以生热","暖气向外散热"。在这三句话中,第一句话里的"热"字表示冷热程度,物理学中用温度来描述;第二句话里的"热"字表示内能,摩擦生热是机械能转化为内能的过程;第三句话里的"热"字表示热量,是内能转移的量度。温度、内能和热量是热学中相互联系但内涵和外延均不相同的三个重要概念。

3. 具有量

物理学是严密的定量科学,许多物理概念是定量反映客观事物本质属性的。然而,也有许多物理概念,表面看来是定性地反映客观事物本质属性的,实际上,它们也有量的含义。例如,"机械运动"概念,它表示物体在空间的位置随时间的变动,这里就涉及位置与时间的函数关系,它具有定量的含义。物质(质点)做直线运动,建立一维坐标系,则得

$$x = f(t)$$

物体(质点)做平面运动,可建立直角坐标系,则得

$$x = f(t) , y = g(t)$$

正是由于物理概念具有定量的特点,所以,学习物理学,就必然离不开数学和实验测量。

4. 物理概念是不断发展变化的

物理概念随着人们对自然界认识的不断深入而不断变化和发展。例如,质量概念就经历了以下发展过程:

(1)物体所含物质的多少叫做物体的质量,这种提法通俗易懂,容易为初中生所接受;

(2)质量是物体惯性大小的量度,这是由牛顿第一定律提出的,反映了物体的一种属性—惯性质量;

(3)质量是物体产生引力和受引力场作用能力大小的量度,这是由万有引力定律提出的,表明物体的这种能力大小是用引力质量表征的;

(4)质量与速度有关,物体以速度 v 运动时的质量 m 与静止时的质量 m_0 之间关系为:$m = \dfrac{m_0}{\sqrt{1 - \left(\dfrac{v}{c}\right)^2}}$,$m$ 为相对论质量;

(5)质量与能量有关,爱因斯坦质能方程($E = mc^2$)说明了这个关系。

(二)物理概念的研究方法

物理概念是抽象思维的起点,又常常是科学思维的成果。在探索更新物理概念的这样一个过程中,蕴含着许多人类认识自然研究问题的方法。

1.观察法

观察法是在对自然现象不加控制情况下,对自然现象进行考察,获得感性认识的主要手段。它对物理学的研究与发展起着重要的作用。在物理概念的教学中要注重培养学生的观察意识,在观察中捕捉有效信息,认识事物的本质属性。

2.数学法

数学法也是物理学中研究问题的重要方法。建立概念、推导规律、论证问题、运用知识都离不开数学。如建立瞬时速度的概念,需要用到数学上取极限的方法;电场强度、磁感应强度、速度、电阻等概念的建立都用到了数学上的取比值的方法。离开了数学法,很多物理概念的特点就不可能从量的角度精确的反映出来。

3.理想化法

物理现象所经历的过程大都是复杂的,要仔细描述它们也是很困难的,为此,在物理研究中常常把具体事物抽象化,用理想化的物理模型来代替实际研究的对象,并对有关的过程作出简化,以便从理论上去研究它。

4.实验法

实验法是根据人们设计的实验方案。在实验过程中,人为的控制自然现象,排除一些次要因素的干扰,而突出所要观察的因素。物理概念与实验法有着密切的关系。如弹簧受拉力的作用而伸长,弹簧的伸长情况取决于外力的大小、弹簧的粗细长短,甚至从表面上看弹簧的伸长还与弹簧的颜色有关。但是在这些因素中有的是主要的,有的是次要的,有的甚至是毫不相干的。在教学中我们设计了一个实验,即抓住问题的主要因素,只研究弹簧的弹力和伸长量之间的关系。实验用悬挂钩码法给出对弹簧施加的拉力,用直尺显示弹簧的伸长量,正是借助这样的探索实验才使学生建立了劲度系数的概念。

二、物理概念教学设计过程

通常,物理概念教学设计大体可分为四个阶段:引入概念、导出概念、明确概念和巩固概念。

(一)引入概念

引入物理概念是为了让学生理解将要讲述概念的重要性和引入的必要性。作为一节课的开始,这个阶段一定要激起学生的学习兴趣或者好奇心,进而产生学习动机。一般都是以提出问题的形式展开,让学生参与探讨,而这个物理问题要根据学生已具备的知识、经验和心理认识,结合物理概念的特点选取不同的角度提出。

(1)以经验引入。

以生活经验为基础引导学生进行分析、对比、综合、归纳,找出同类物理现象的共性,从而提出新概念。这种引入会使学生感觉亲切,于是提高学习兴趣,培养学生留意观察身边事物的良好习惯。

(2)从实验现象引入。

对于学生缺乏足够经验的物理概念,需要通过典型实验来使学生能够形成清晰生动的感性认识,然后再从实验现象的特征出发,提出新概念。这种引入方式可以培养学生的观察能力、注意能力和实验能力。

(3)从理论知识引入。

这种引入的前提是学生具备了丰富的物理知识和感性认识或一定的物理理论的基础。可以通过复习旧知识,发现矛盾,从而提出问题,或者在理论的基础上经过逻辑推理后提出问题。

对于初中学生来说,较多使用前两种方式,因为初中学生的思维发展水平较低,处于从形象思维到抽象思维的过渡阶段。高中学生就可以多增加第三种方式,因为他们的知识和理论都有一定的基础。

(二)导出概念

从提出问题到得出结论需要一个过程,这就是解决问题的过程,对概念讲述课而言,就是概念的导出过程。通常,这一过程要分如下三步进行。

(1)明确问题。

对问题进行讨论时,要找到事物的主要矛盾,抓住问题的核心,把已知的和未知的东西,提供的条件和所求的结果分开,使目的明确起来,并指明探索的方向。

(2)提出假设。

若研究的问题较为复杂,则必须根据已有的材料、事实和经验,抓住事物的某种重要特征,进行推测。在研究物理问题的过程中,可以不断提出假设,得出结论,逐层深入。

(3)检验假设。

问题的假设是否正确还需要检验。物理概念形成的检验一般有两种方法:第一种是通过科学实验和观测证实;第二种是通过逻辑推理的方法检验。总之,在导出的过程中要充分展示物理问题的提出、讨论和解决过程,把它们有机地结合起来。

(三)明确概念

导出概念之后就要将已经获得的关于反映现象和过程的本质属性用简明而准确的语言或数学公式表述出来。

(1)定义概念

将有关观念明确清晰地加以提炼,也就是把概念用语言精确地加以表述的过程。

(2)构建体系

概念体系是客观事物内在联系的反映,概念不是简单的一句话就能表达的,它还包括概念的物理意义、概念的测量、概念的运算和运算规则、概念的种类等要素。

(3)概念的延伸

概念的延伸是指概念的使用范围、适用条件,以及与其他概念之间的联系。在讲述概念的时候,如果不引导学生扩展对概念的认识,不分析它与其他概念之间的关系,就有可能造成对概念理解的片面性,既不利于正确掌握和运用概念,也不利于培养学生的综合能力。

(四)巩固概念

概念的巩固是指学生把所建立的概念牢牢保持在记忆里,不断丰富概念的内容,发展物理概念的外延,并能顺利应用概念分析和解决物理问题。一般的深化巩固都采用练习的方法,即针对概念给出一些习题,让学生在做练习的过程中不断熟悉和巩固概念。另外,也可以让学生设计趣味实验、用文字描述、制作表格、画流程图等多种形式,对物理概念学习过程和学习方法进行总结,这既能帮助学生更好地巩固概念,也能培养学生的总结和归纳能力。

第三节　物理规律课教学设计

物理规律反映了物理现象、物理过程在一定条件下必然发生、发展和变化的规律,它反映了物质运动变化的各个因素之间的本质联系,揭示了事物本质属性之间的内在联系。

一、物理规律的特点

(一)简洁性

物理定律绝大多数通过数学公式定量地把定律的内容表示出来,这就为物理学成为精确的定量科学打好了基础。伽利略说过,宇宙这部书是用数学语言写成的。数学语言具有简明精确的特点,它抛开具体内容,只涉及抽象的数量关系,使数学公式表达的物理定律达到了真和美的统一。

(二)客观性

物理规律是自然界客观存在的,不以人的意志为转移。物理量之间的关系是相对稳定的,当具备物理规律所给定的条件时,由物理规律所描述的现象或过程就必然发生。

(三)近似性

物理规律从实践中总结出来后,就可以用它来解释有关的物理现象和预言在某种情况下会有什么物理现象发生。但是物理规律是对自然规律的近似反映,并非完全逼真和绝对无误,也就是说物理规律的深刻性和普遍性是有限的。

物理规律具有近似性的原因有以下几点:

第一,物理学家对自然界的认识能力受一定历史条件的限制;

第二,物理测量工具的不完备性,导致物理量测量的不准确性;

第三,许多物理定律常常忽略掉一些次要因素,将物理问题限制在一定的条件下,然后才加以抽象概括,这本身就对自然现象作了一定程度的简化。

物理规律的近似性并不减少它的客观意义,物理定律虽然不是绝对准确,但却也是近似地比较正确地揭示出物理现象的规律,并且它们的准确性程度还会随着物理学家对周围自然界认识的不断深化而日益提高。

二、物理规律教学的基本程序

学习物理规律是一个复杂的认识过程,它是感性认识与理性认识、特殊认识与一般认识反复结合、相互作用的发展过程。学生学习物理规律首先要在具体感知的基础上,通过抽象概括,得出结论;然后将得出的结论运用于实际,使知识从弄懂到会用。

物理规律教学一般要经过提出问题、探索规律、讨论规律和运用规律四个阶段。

(一)发现问题、探索规律

要使学生掌握物理规律,首先要引导学生在物理世界中发现问题。因此,在教学的开始阶段要创设好便于发现问题的物理环境。创设物理环境最常用的方法是联系学生生活中最熟悉的物理现象或借助于演示实验,也可以让学生亲自做实验,使他们获得探索物理规律所必要的感性知识,提供进一步思考问题的线索和依据,为研究问题提供必要的知识准备等。

创设的物理环境既要能提供探索物理规律的感性材料,又要有助于激发学生的学习兴趣和求知欲望。

(二)思维加工、建立规律

在已有的概念和实验数据的基础上,教师要引导学生进行科学思维,即运用比较、分类、分析、综合等方法来抓住物理现象和过程的本质特征和内在联系,摒弃非本质的和偶然的因素。具体而言,在中学阶段主要是运用实验归纳法和理论分析法,或者把两者结合起来进行。

1.运用实验总结规律

运用实验总结规律方法的步骤为:

第一,由对日常经验或实验现象的分析归纳得出结论。

第二,由大量实验数据,经归纳和必要的数学处理,得到结论。

第三,先从实验现象或对实例的分析中得出定性的结论,再进一步通过实验寻求严格的定量关系,得出定量的结论。

第四,在通过实验研究几个物理量的关系时;先分别固定某些物理量,研究其中两个物理量的关系,然后加以综合,得出几个量的关系。

第五,限于实验条件,先介绍前人通过实验得出的结果,再通过对实验结果的分析,得出结论。

2.新的物理规律

运用已有知识,通过理论推导,得出新物理规律方法的步骤为:

第一,先用实验或实例做定性研究,再运用理论推导得出结论。

第二,在观察和日常经验的基础上,研究理想实验,通过推理、想象,得出结论。

第三,运用已有的数学知识,进行演绎推理,得出结论。

第四,运用物理量的定义式或函数图像,导出物理规律的公式。

3. 得出结论

对有些物理规律的研究,可以先引导学生在观察实验或分析的基础上进行猜想,提出假说,然后再运用实验或理论加以检验,修正假说,得出科学的结论。如阿基米得定律、楞次定律的教学可以采用这种教法。

无论采用哪种方法,都要在探索的基础上,得到物理规律的文字表述和数学表达。

4. 解决问题、加深理解

在讨论的基础上安排一些典型的例题和习题,有助于学生进一步深刻地理解规律,并且还能训练学生运用知识解决实际问题的能力。

在这个过程中,要用典型的问题通过教师的示范和师生共同讨论,使学生结合对实际问题的讨论,深化和活化对物理规律的理解,逐渐领会分析、处理和解决问题的思路和方法。另外,引导和训练学生善于联系日常生活中的实际问题学习物理规律,经常用学过的规律科学地说明和解释有关的现象,通过训练,使学生逐步学会有逻辑地说理和表达。

对于运用物理规律分析和解决实际问题,要逐步训练学生运用规律分析、解决问题的思路和方法,使学生学会正确地运用数学解决物理问题,还应当鼓励学生运用学过的规律独立地进行观察和实验,自己进行小设计和小制作,创造性地解决一些简单的实际问题。要帮助和引导学生在练习的基础上,逐步提高各种思维能力的水平。

(三)讨论规律

对物理规律的讨论一般从以下几个方面进行:

(1)规律的物理意义。物理规律通常是用公式来表示的,明确公式的物理意义是应用物理公式的基础。所以,在进行物理规律的教学时,要特别注意搞清楚公式或图像的物理意义。

(2)强调规律表述中的关键词语及公式中各字母的物理意义。在教学中应加以强调,并解释清楚。

(3)指明公式中各个字母所代表的物理量及其单位。

(4)明确规律的适用条件和范围。物理规律都是在一定条件下、一定范围内总结出来的。如果不考虑规律的适用范围乱套公式,就会导致应用上的错误。因此,在讲解规律时,要指导学生明确规律的适用范围。

(5)明确这一规律与有关的概念、规律、公式间的关系,以便更深入地理解物理规律。

综上所述,学生掌握物理规律的认知过程是一个十分复杂的过程。首先,让学生获得必要的感性认识;其次,在感性认识的基础上引导学生概括归纳出规律;然后,使学生理解规律的物理意义;最后,还要使学生在运用规律的过程中,从定性与定量两方面不断加深对规律的理解。

三、物理规律教学设计过程

进行规律教学设计的过程中,教师在把握基本的规律教学设计理论的同时,应特别注意以下几点。

(一)创设情境

情境创设的形式是多种多样的,对于任何一个规律的教学,没有最好的情境创设,只有各具特色的情境创设。无论教师采用何种情境创设的方式,一个成功的情境创设必须是紧密结合学生的前认知进行的。

(二)过程完整

规律教学虽然没有固定的程序,但是规律教学的基本过程应包含"创设情境,形成问题;实施探究,促进建构;运用规律,解决问题"三个基本的教学过程。

第一,创设情境,形成问题。

为了形成科学问题,教师需要有效地创设问题情境,即充分展示相关的物理现象,激励学生进行观察与思考,引导学生大胆地提出问题,筛选问题,最后确定出所要认识和解决的科学问题。所创设的情境应该贴近学生的生活和社会环境,真实、可感,尽量激发学生的好奇心和求知欲。

第二,实施探究,促进建构。

问题形成后规律教学就进入对问题的"定性探讨与定量研究"阶段。既要重视定性探讨,也要重视定量研究。定量研究为学生探究规律创设典型的物理情境,在探究过程中恰当地体现科学探究的要素,灵活设计和安排学生的猜想、计划、操作、推证、评价、交流等活动,有效地促进学生的"探究—建构"过程。另外,要明确表述规律认识的成果,并可采用启发方式给学生思考和讨论的机会,并尽可能做一些拓展以加强物理科学方法、科学本质的教育。

第三,运用规律,解决问题。

教师要及时引导学生运用规律,在新情境中解决新问题。教师需要选用一些难度适当、与实际相联系的问题,以及一些适当的新情境问题,通过示范、师生共同讨论,引导学生主动参与到问题解决的过程中来,丰富和发展对物理规律的意义建构。同时,教师要认识到运用规律解决问题是一个长期的过程,要根据规律的重要程度以及问题解决的难度,与后续的习题教学、复习教学统筹规划,有序安排。

(三)规律教学的实施

新课程标准要求下的现代中学物理教学逐渐突出两大基本特征:探究性和建构性。探究建构的教学模式可以有效地帮助学生变革学习方式,激发学生学习兴趣,促进学生主动性,培养学生收集、分析、处理信息的能力,提高学生合作意识。同时也改变了教师的教育观念和教育行为,进一步深化了新课程改革。

第四节　物理实验课教学设计

随着新课程改革的实施,实验教学遇到了新的问题。现有的物理课程标准(实验)没有具体规定哪些知识点需做什么演示实验,哪些知识点需做什么内容的学生实验,以及这些实验需要使用什么仪器,实验的总课时是多少等等。这就给我们提出了一系列新课题,如怎样选择实验内容,怎样引导学生进行实验等。

一、物理实验教学功能的再认识

中学物理实验教学功能的再认识是对原中学物理实验的作用、地位的论述在新形势下的再认识。中学物理实验教学功能是随着时代的进步和教育的发展不断充实和深化的。

物理实验具有出以下功能。

1.培养学习兴趣

利用新奇有趣的演示实验,可以激发学生的新鲜感,培养学生初步的学习兴趣。例如,将气球压在钉子床上,使压力的作用效果实验奇妙有趣;吹乒乓球、声波的波形、声波传递能量等实验都能激发学生的学习兴趣。

2.提供感性素材

通过实验展示物理现象和变化的过程,特别是学生日常生活中难以见到的或者是与学生经验相抵触的现象和过程,获得丰富的感性材料,为建立正确的概念、认识规律奠定基础。

3.体验过程

体验性是现代学习方式的突出特征,通过实验进行的科学探究正是让学生自己动手实践,在实践中体验、学会学习,获得解决问题方法的一种新教学方式。通过科学探究,改变学生只是单纯从书本学习知识的传统方式,让学生通过自己的亲身经历来了解知识的形成、发展和应用过程,从而丰富学生的学习经历,学习科学地研究问题和分析问题的多种方法,形成尊重事实、探索真理的科学态度。只有在反复经历一定的过程后,才能真正掌握科学的方法。

实验是培养学生能力的向导,通过实验可以培养学生多方面的能力,如观察能力、实验操作能力以及创新性思维能力和实践能力等。

4.学会合作

交流与合作是非常重要的,而物理实验能够为学生间、师生间的合作交流提供广阔的空间和舞台。

把物理实验仅仅作为一种教学手段或作为理论知识教学的辅助工具是远远不够的,物理实验在进行实验知识教学,技能教学和素质教学方面有其自身丰富的内容,因此物理实验应当在教学目标和教学质量评估等方面有所体现,并要具体落实到教学措施和各个环节中。

5.接触科学真实

接触科学真实就是要在物理教学中让学生像科学家那样亲自去探索科学原理。中学物理教学应在教师指导下,让学生去实践,去探究,自己去获得结论,这就是让学生接触科学真实的具体体现。

6.培养科学精神

实验是科学的研究方法,要求学生具有实事求是、老老实实的科学态度,尊重客观事实,忠于实验数据,不能有丝毫的弄虚作假行为。同时,实验要求学生善始善终,具有不怕挫折、坚韧不拔的追求科学的精神。通过不断的科学探究,学生逐渐形成严肃认真、实事求是、尊重客观规律的良好思维品质,这些只靠课堂上老师的一味讲解是绝对不可能实现的。

二、中学物理实验中的科学方法

在实验教学中,教师除了教给学生有关的实验原理、操作方法等实验知识外,还要有意识地向学生指出实验中蕴涵着的科学方法,从而在对学生进行科学知识教育的同时,对学生进行科学方法的培养。

物理实验中常用的科学方法是实验验证法和实验归纳法。

①实验验证法是指根据有关经验和知识,经过推理提出猜想和假设,然后通过实验来验证的方法。

②实验归纳法是指根据研究目的,人为地控制条件,从大量的事实中找出普遍特征并得出规律的方法。

在中学物理实验教学中,常见的具体实验方法如下。

1.观察法

物理实验过程总伴随着科学观察,通过观察现象和各种实验活动,激发学生学习兴趣,培养学生科学的思维方法和实事求是的科学态度。物理实验中的观察是有目的、有计划且比较持久的感知活动,是学生获得感性认识的智力条件。

物理观察能力分成 5 个基本层次:

1)制订物理观察计划和表述观察结论;

2)养成自觉观察物理现象的习惯;

3)对学习物理知识的器具的观察;

4)对物理现象和物理过程的观察;

5)在物理观察中提出质疑。

物理观察的步骤是:

1)确定物理观察的目的、对象和内容;

2)选择、调整观察方法;

3)进行记录;

4)提出质疑或新的观察计划。

2.替代法

替代法是指将测量中某些较难准确测定的物理量和易测量的相互交换。通过替代,可以使不可直接感知的物理现象变得可感知;使变化微小的物理现象增大可见度;使不容易直接测量的物理量易于测量;有时还用替代法减小实验的误差。替代法还可以推广到实验仪器用具的替代。

3.模拟法

模拟法是一种间接实验方法,有时候由于物理现象比较复杂或实验技术的难度较大,难以直接观察和加以显示控制,可改用与它有一定相似性、较易行的实验,通过模拟比较,间接地去认识和研究。

4.比较法

人们认识事物、区别事物主要是掌握它们的特点,而它们的特点主要是通过比较来研究的。在物理实验中,对一些物理现象或物理量,可通过比较而达到辨异求同、同中求异的目的,从而打开思路,获得解决问题的方法。

5.积累法

某些微小量的测量,在现有仪器的准确度内难以测准,可以通过将这些微小量积累,然后求平均就能减小误差。

6.控制变量法

在一些实验中存在多种变化因素,为了研究某些量之间的关系,可以先控制一些量不变,依次研究某一因素的影响,然后分析出总体关系。

7.理想化方法

实际物理现象中的研究对象,外部因素往往复杂多变,为此,实验时常可采用忽略一些次要因素或假设一些理想条件的办法,以便能突出现象的主要因素,取得实际情况下合理的近似结果。

三、中学物理实验的主要方式

中学物理实验主要有演示实验、边学边实验、学生分组实验和课外实验四种方式。

(一)演示实验

演示实验是指在课堂上主要是由教师操作表演的实验,有时候也可以请学生充当教师的助手或在教师的指导下让学生上讲台进行操作。演示实验作为教师的示范表演,应在科学探究方面起表率作用,渗透科学探究思想教育。

在课堂教学的不同阶段,演示实验所起的作用各不相同。在引入新课时,可以选择有趣、新奇的演示实验,以创设生动的科学探究情境,激发学生的探究欲望;在物理概念、规律教学中,可与学生共商演示实验方案,为探究提供丰富的感性素材,使学生形成鲜明的物理表象;针对学生的前认知,展示与学生经验相抵触的实验现象,激发他们的认知冲突,将其转化为探究的动力。

演示实验在设计和表演方面的基本要求如下。

1.确保演示成功

成功地进行演示实验的首要条件是掌握实验原理。首先,只有掌握原理,才能准确地抓住关键,成功地进行演示。例如,一般都感到静电实验比较困难,其关键在于绝缘。通常取玻璃棒与丝绸摩擦后使验电器带电,当金箔张开到某一可察觉的角度时,金箔相对于外壳的电压,高达上千伏。在此情况下,很多通常认为是绝缘的东西却成了导电材料,致使实验失败。解决漏电问题成了成功地进行静电实验的关键。经验表明,石蜡、涤纶膜和有机玻璃等对于静电实验是较好的绝缘材料。

其次,还须注意环境条件。例如,静电实验的难易跟天气的干湿条件有很大关系。因此,在实验之前要估计到各种可能的不利条件。必须指出,任何实验的误差是难免的,因而在进行演示实验的测量时不应避谈误差,而是要向学生说明存在的误差及其产生的原因,这样有利于培养学生实事求是的科学态度。

为了确保演示成功,课前必须充分准备并进行试做。试做时,不只是考虑实验如何做成功,还须考虑实际可能的教学效果。

2. 简 易 方 便

演示实验要求简易方便,包括仪器简单、结构简单和由演示现象导出结论时解说或推理简单。如用橡皮套把医用针筒的细孔封住,再在活塞颈上拴上短绳,挂上钩码并增加砝码,即能代替马德堡半球和抽气机演示大气压强。

有时候,同一个实验可以用多种不同的方法来演示。教师备课时,就要根据不同的学习阶段和学习要求并结合学生实际情况选择最合适的实验。

3. 现 象 清 楚

演示现象务必使全班学生都能看清楚,为此仪器的尺寸要足够大。但有些仪器不宜做得太大,例如毛细管的内径只能很细,对于可见度较差的演示,通常可采用光、电或机械等各种放大装置来增强演示效果。在很多情况下,为了把不太明显的部分显现出来,通常还采用背景衬托和染色措施。

演示的仪器要放在适当的高度,务必使全班学生都能看到。演示中的平面图像应尽量使之竖立起来。在配合课本上的插图进行演示时,从学生方面看来,仪器的放置最好与插图的方位一致。为了让学生更好地掌握物理现象的规律性,有时不只是让学生看到一些静态现象,还要让他们观察到现象的变化和发展过程。

为了充分发挥演示实验在教学中的作用,教师还要指导学生进行观察,且实验要与思维相结合。

(二)边学边实验

边学边实验是指学生在教师的指导下边学习、边做实验的课堂教学形式。在传统的物理教学中,通常会安排一些以验证性实验为主的学生分组实验(如验证机械能守恒定律),这些实验着重于提高学生对物理知识的理解,训练学生运用仪器和处理实验数据的能力。在实验的教学处理中,教材把实验目的、器材、原理和步骤等都做了规定,学生只是照章办事,难以体验探究的生动过程,难以体会实验设计中的科学思想和方法。

边学边实验不仅能活化学生学到的物理知识,而且能引导学生像物理学家那样用实验方法得出物理结论,让学生从中学习科学的研究方法。在新课教学中,教师可以根据教学内容的需要,为学生提供一些实验器材,让他们通过自己的实验探究来学习知识。

边学边实验不仅能够调动学生的积极性,突出学生在课堂学习中的主体作用,避免出现满堂灌讲授的教学现象,还能提供更多的机会来训练学生的实验技能和科学研究方法。另外,学生进行课堂实验探究过程,是在教师设疑、启发和引导下进行的,能够有效地培养学生的思维能力和创造能力。

边学边实验是中学物理课堂教学的一项改革。这种教学形式的运用场合可以是让学生初次认识和使用某个实验仪器,也可以是通过再现某个实验现象和事实来说明物理概念,或者是让学生通过实验探究得出物理规律等。

由于学生动手做实验不可能都能顺利进行,于是要求教师课前做好准好充分的准备,精心设计可预见的教学环节。教师对实验难度的大小、仪器的安全和复杂程度等方面都要有选择性,在课堂上要恰当地掌握实验时间,发挥教师的应变能力,以便更有效地完成教学任务。

目前,物理课程的教学目标加强了对学生科学探究能力的要求。不同版本的中学物理教科书在内容安排上,都充分考虑了学生的课堂探究实验,让学生在实验探究过程中学习知识,培养能力。课程改革的教学实践表明,对于理论课教学中所涉及的简易实验内容,教师采用引导学生边学边实验的方法,就是一种极为有效的教学方式。

(三)学生分组实验

分组实验是指在教师的指导下,学生整节课时间都在实验室里做实验的教学形式,又称实验课。学生分组实验是由学生操作仪器、观察现象、测量和记录数据以及处理实验结果的过程,学生在教师的指导下独立获得物理知识和实验技能,它是学生能够在知识和能力、过程与方法、情感态度与价值观三个维度上得到综合训练的重要途径之一。

1.教学目的

学生分组实验大致具有四种基本类型:研究性实验、测定性实验、验证性实验和技能训练性实验。

研究性实验可以让学生根据研究的问题,通过设计实验来观察和分析现象,发现和认识规律,训练实验技能。

测定性实验主要是利用测量工具、仪器仪表对实验对象的某些物理量或物理常数进行直接或间接的测量,以帮助学生理解物理概念或物理量的意义。

验证性实验对由理论方法得出的结论的正确性进行实验验证,从而加深对新知识的理解,并训练实验技能。

技能训练性实验可以训练学生认识和掌握某种仪器的使用方法、装配技术等知识技能。

在实验教学过程中,应使学生达到如下教学要求:

1)了解常用仪器的基本构造、原理和使用方法;

2)学会正确进行观察、测量、读数和进行记录;

3)学会初步分析、处理和运用实验数据,得出结论;

4)学会初步的误差计算和分析;

5)学会写实验报告;

6)严格遵守操作规程和尊重事实的科学态度。

当然,这些学生实验的基本要求对于各具体阶段学习的学生也应该有一定的差异性,对于初中学生和高中学生的要求应不能完全等同。

2.主要过程

(1)准备阶段。

实验前的准备阶段,教师要完成对实验器材的检查工作,做好实验前的组织教学工作。教师可以通过引导学生认真阅读实验教材,启发引导学生思考实验原理,突破实验的难点,建立可行的实验方案,从而做好实验前的准备工作。

教师可以引导学生复习、掌握实验所需要的理论知识,要让学生明确实验目的,理解有关的实验原理、方法和步骤,了解仪器的性能、使用方法和注意事项等。

(2)操作阶段。

操作阶段就是学生根据所设计的实验方法进行实验的阶段。在该阶段,学生要正确安装和使用仪器进行实验,排除实验故障,观察和测量实验数据,详细记录实验结果,并在实验结束后整理好实验仪器。在此期间,教师要进行巡视,指导学生遵守实验的操作规范,启发点拨学生积极思维,使学生顺利进行实验,并尽量减少实验误差。

实验的操作阶段一般包括三个环节:仪器的安装调试环节、实验操作和观察记录环节以及拆除整理实验仪器环节。

（3）总结阶段。

在学生完成实验操作之后，要求学生及时分析处理实验数据，总结实验，汇报结果，完成实验报告。

另外，教师还要培养学生尊重事实、实事求是地对待实验数据的科学态度；要引导学生分析影响实验结果的因素，对实验中的问题进行分析讨论。

需要指出的是，学生分组实验时，教师不能安排过于详细、过于具体的讲授活动，要创造一个让学生充分动手动脑的实验环境。实验课上应当让学生有更多的主动权，教师起引导作用，这样就可以逐步培养学生探究问题的能力和实验能力。

（四）课外实验

课外实验一般是指按照教师布置的任务和要求，学生课外利用一些简单的仪器或自制器具独立进行观察和实验的活动。课外实验可以扩大学生的知识领域，使学生将自己所学的理论知识联系生活实际。同时，也可以培养他们的独立工作能力和运用知识的能力。

中学物理教科书中通常设置了许多"小实验"和"小制作"的课题，供学生开展课外观察和实验。学生生活在丰富多彩的物理世界中，可以发现各种实验课题，并找到一些日常生活用具或器材来进行课外实验。物理教学中，应当结合学生生活实际，组织学生开展物理课外实验活动。

1. 课外实验布置的基本要求

教师布置的学生课外实验一般有以下要求：

（1）要求方法简单、器材简便、效果明显。课外实验不宜安排复杂性实验，所需实验器材也要简单一些，有些器材可以自己制作完成。

（2）要注意对学生的统一要求和因材施教相结合的原则。由于各个学生自身能力和实验条件的差异，教师在布置课外实验时要考虑课外实验的难度和可操作性，要让学生找到适合自身条件的实验课题。

（3）选题内容应具有科学性和探索性。学生通过实验可以观察到有关物理现象或能够解决有关物理问题，使学生通过探索能获得成功感。

（4）实验过程必须安全可靠。学生课外实验不能选择一些存在安全隐患的实验项目。

2. 课外实验的类型

课外实验活动按内容来分，一般有以下几种类型。

（1）课外小制作。

物理课外小制作是让学生利用课外时间自制一些简单仪器、模型和器具等。课外实验要求学生在自制过程中有所创新、有所突破,可以深化学生对所学知识的理解,激发他们的创造意识,发展他们的创造性思维能力和操作技能。在制作中教师可以适当地予以指导,对制作的成果要进行展出交流,组织评选活动。

(2)课外小实验。

课外小实验是学生在没有老师亲临现场指导下,利用课外时间自己进行的实验活动。这类实验,学生需要自己设计实验方案和寻找器材,有时还要求自制用具来完成实验。通过课外小实验研究,使学生进一步理解物理概念和规律,灵活运用所学知识,训练实验技能,培养他们独立工作的能力。对这类课外实验,要求学生掌握实验目的、原理,自行设计实验装置进行实验操作,要有必要的实验结论。

(3)课外科技活动。

为使学生了解现代科技成就的发展和应用,教师可以组织学生成立科技活动小组,有计划地进行系列科技活动。另外,要求课外科技活动有一定的计划性,并要有一定的组织形式。

(4)观察性实验。

课外观察性实验一般是教师有意识地引导学生观察大自然、日常生活和生产实践中出现的物理现象以及与物理知识相关的事件。在师生的相互启发下,学生在观察、思考这些现象的活动中都将有新奇的发现。对这类活动,重点应放在扩大观察范围和培养兴趣上,鼓励学生写出观察和思考的结果,并分析其中的物理道理。

此外,开展学生课外实验成功与否的关键还在于有效的组织安排。教师应该要求学生写出观察和实验报告,培养学生严肃认真的科学态度,并且通过各种活动形式对学生课外实验进行评价,不断深化和丰富课外实验成果。

四、物理实验教学的新趋势

近年来,物理实验从内容到形式都发生了较大的变化,呈现出以下一些新的变化趋势。

(一)微型化

微型化实验同常规实验相比,具有仪器简单、材料少、省时省力、现象明显的特点。微型实验的器材来源广泛,学生实验时可以人手一套。在实验教学中,学生通过自制仪器和动手做实验,既训练了动手能力,培养了创新思维,又增强了自信心,体验了成就感,较强的参与意识及微型实验内在的魅力,大大地激发了学生进行物理实验的兴趣。

由于微型实验一般源于生活,用于生活,能极大地激发学生物理学习的兴趣,有效提高课堂教学的质量。

（二）趣味化

物理实验具有动机功能,可以激发学生的物理学习兴趣,这是人们的共识。人们创设了"趣味实验"这一新的物理实验形式,并注意积累、总结、梳理已有的一些做法,使趣味实验系列化、多样化。如有关"热"的实验:摩擦生热、纸盒烧水、温水沸腾、压缩点燃等,既易做,实验效果又明显,趣味性很浓。

（三）生活化

现代社会的文明进程与物理学的发展息息相关,人们本身就生活在物理世界之中。因此,贴近生活、贴近社会成为中学物理实验教学改革的出发点和落脚点。为此,人们创设了一些新的物理实验形式,如"生活中的物理实验"、"家庭小实验"等,以此使学生认识和理解物理科学对个人和社会的作用和价值,在潜移默化中对学生进行"科学的生活"和"生活中的科学"教育。

五、物理实验教学设计原则与过程

（一）物理实验教学设计原则

物理实验教学设计关键不在于形式,而在于体现探究的本质特征,通常物理实验教学设计应力图体现如下原则:

（1）努力提供学生探究、体验的机会,体现"做中学"原则;

（2）灵活多样,防止探究模式僵化,体现多样性原则;

（3）激发认知冲突,启发积极思维,体现意义建构原则;

（4）充分调动学生学习的内部动机,体现主体性原则;

（5）关注有效的合作和交流,体现社会性原则;

（6）课内课外结合,体现开放性原则。

(二)物理实验教学设计过程

1.创设发现问题的情境

素质教育的重点是培养学生的创新精神和动手实践能力。培养学生创新精神的起点为问题意识,发现问题相比解决问题显得更为重要。在物理规律教学中,积极创设发现问题的情境,从而进一步引领学生发现值得探究的问题,进入规律探索的氛围。

作为一门实验科学,物理学通过实验演示设置问题情境,可提高学生学习物理的兴趣[1]。

【案例1】"动量守恒定律"

【演示实验1】如图6.2,将一个后轮快速转动的玩具汽车轻轻放在桌面上并放手,观察发现小汽车在桌面上快速向前行驶。

图6.2　演示图1

【演示实验2】如图6.3,四个直径约2cm、长约20cm的试管在水平桌面上平行放置,试管上放置一宽约20cm、长约80cm的三合板,将后轮快速转动的玩具汽车轻轻放在三合板上,通过观察发现在小汽车向前行驶的同时,三合板向后运动。

图6.3　演示图2

【教学设计片段说明】学生通过观察、比较看到:在前一个实验中,与通常汽车在路面上行驶是一样的小汽车向前运动,桌面不动。在后一个实验中,小汽车在三合板上运动,小汽车在向前运动的同时,与之接触的"地面"向相反方向运动,这与学生们已有的知识经验是相矛盾的,从而激起解释现象的强烈愿望。

2.启发引导学生提出问题,提出科学猜想,预言新的物理现象

通过教学我们发现很少有学生对课堂教学内容提出问题。其原因有如下几个方面:

---

① 宋树杰.高中物理新课程理念与教学实践.北京:商务印书馆,2006

其一,由于懒得思考,被动地接受知识已成为习惯;

其二,对存在的一些疑问,缺乏探究的氛围和机会。

针对这种现象,在课堂教学中,教师应积极为学生营造浓厚的探究氛围,鼓励学生提出问题。

3.设计验证猜想与假说的实验方案

许多物理规律的发现都离不开科学的猜想和假设,培养学生科学猜想与假设能力其意义深远。

【案例2】"安培力的大小"教学片段

磁场对电流的作用力——即安培力大小的讨论。

师提出问题:安培力是指磁场对其中的电流(或者说通电导体)有力的作用。思考安培力的大小与哪些因素有关?

学生会产生如下猜想:

其一,与电流的大小有关系。

其二,与磁场的强弱有关系。

其三,与导线的长短有关系。

下面通过实验来验证学生的上述猜想

首先验证与电流大小有关的猜想。

对比较小和较大电流通过导体的不同变化。

较小电流通过导体时,导线由原来的静止位置偏开一角度后停下来;

减小外电路电阻,使较大电流通过导体,此时导线偏开的角度大了,即安培力变大了。

综上可得出结论,在同样的情况下,电流越大,安培力越大。

然后验证与磁场的强弱有关的猜想。

保持导线中的电流不变,改变导线所在处的磁场。第一次仍以首次实验的结果为准,这样就减少了实验次数。第二次用同样大的磁性较强的蹄形磁铁做实验。这时,导线偏开的角度大了。

从而可得结论,在同样情况下,磁场越强,安培力越大。

最后验证与导线的长短有关系的猜想。

导线在磁场中的长短即导线的长短。将开始的4块磁铁去掉1块或2块,导线的长度就变为原来长度的0.75或0.5倍。实验中会发现,导线偏开的角度小了。

从而可得结论,在同样情况下,导线在磁场中的长度越长,安培力越大。

当然,以上实验中,都不要让导线离开蹄形磁铁相对的磁场。

通过上述实验,验证学生的三种猜想是正确的。

【教学设计片段说明】磁场是一个抽象的概念,理解起来也比较困难。

然而通过学生们对影响安培力大小因素的猜想,使学生深入到了物理情境中去。并通过实验验证,使其得到证实,这样,不仅较好地完成了安培力公式教学,同时使学生进行科学猜想假说、设计验证猜想的能力得到了培养①。

4.实施验证方案

对于同一个实验目的,因为所选择的测量方案组合不同,则可产生若干种实验方案。各种因素综合考虑后最终确定选择实验方案。选择实验方法需要考虑的因素如下:

(1)所具有的实验条件;

(2)所需要的实验精度;

(3)所允许的实验时间;

(4)实验操作的方便;

(5)以及实验者对实验原理的理解和对实验器材的熟悉程度。

5.分析归纳出结论

对于某些结论,若能够在实验中,通过观察到的现象、获取的数据资料,概括出这些结论,在物理教学中也是经常采用的。

【案例3】"干涉条纹间隔与对应单色光波长成正比"的教学片段

测量:对于课本中有蓝光和红光干涉的彩图,教师让学生们通过使用毫米刻度尺测得条纹间隔的数值。在彩图中较大的长度上进行测量,取其平均值,其目的在于减小测量误差。

计算:教师让学生们看各色光波长的数据表格。各色光的波长在一个范围内,看蓝光和红光的波长范围,取其波长的平均值,作为蓝光和红光的波长值。

比较:通过比较,看学生们会得出什么结论。

生:红光相比蓝光波长较长,相应的红光比蓝光的干涉条纹的间隔大。

师:这种说法是正确的。除此以外,那么还能发现其他特点吗?

学生通过比较、分析、计算,得出了课本中的结论。

生:波长与条纹间隔成正比。

【教学设计片段说明】波长与条纹间隔成正比,对该结论的学习这里,是让学生们测量和计算相关物理量,然后得出结论的。当然,要向学生指出,拍摄干涉图样时,对于两种单色光来说,双缝与光屏间的距离应是相等的。

---

① 宋树杰.高中物理新课程理念与教学实践.北京:商务印书馆,2006

第五节　物理习题课及复习课教学设计

一、物理习题课教学设计

物理习题课是指学生以口头解答、书面解答，或实验设计、操作等形式，反复地针对某一课题完成一定的作业。物理习题课教学是巩固与灵活运用所学物理知识解决实际问题、培养学生迁移能力的一种主要形式。

1.习题课教学的目标

第一，帮助学生理解基本概念和掌握基本规律。对于物理学中的许多基本概念和规律，学生的理解往往停留在字面上，这样就难以深入透彻地理解和掌握知识。若恰当地组织学生解答一些相关的习题，他们就会综合已有的知识寻找各个概念和规律之间的区别和联系，进一步了解这些物理概念的内涵和外延，进一步了解物理规律的内容和适用条件。

第二，培养学生的判断、推理、分析和综合等能力。学生的能力只能在他们自己学习、探索的过程中逐步培养。解答物理问题的过程就是学生独立学习的过程。在这个过程中，他们获得了思考问题、处理问题的某些思想方法，培养了终身受用的学习能力。

第三，帮助学生加深和扩展物理知识，理论联系实际。物理习题涉及的内容是非常丰富和广泛的，在解答这些习题的过程中，学生自然而然地拓宽了自己的知识面，并不断把掌握的理论知识应用于各种实际问题中，实现理论联系实际。

2.物理习题的类型

中学物理习题常见以下几种类型。

（1）选择题、填空题和判断题。

选择题、填空题和判断题一般不需要计算或只需要简单计算，它侧重于帮助学生理解物理概念、熟悉物理规律成立的条件，或辨别容易混淆的问题，或根据概念间的逻辑关系对事物做出肯定或否定的判断。其中，判断题的概念性、逻辑性很强，对思维活动有一定的要求。通过练习，可以澄清一些似是而非的认识，有利于提高判断思维能力。

(2)问答题。

问答题一般不需复杂的计算。这种类型的习题一般用于回答物理概念和物理规律成立的条件或运用物理规律解决简单的问题。

问答题要求用文字或口头回答。它有助于培养学生的文字或语言表达能力以及逻辑思维能力等。对于口头提问的问答题,通过学生的回答可以检查学生的掌握情况,同时通过补充提问或追问,可以进一步考查学生对知识的理解和存在的问题。

问答题的解答过程大致可分三步:①审题,弄清题意;②确定物理现象所遵循的有关规律;③依据这些规律用简明的文字或语言进行充分说理回答。

在听取学生回答时,要有耐心,即使学生答错了也要让他讲完,以便知道他错在哪里。有的还需适时启发,让学生自己纠正错误。

(3)计算题。

计算题要求学生在分析的基础上,先要明确题目给出的各物理量,并统一单位;再根据有关物理规律,导出待求量的计算式代入数据计算;最后检查计算结果是否符合物理事实,并写出答案。

解计算题的困难往往来自于数学与物理两个方面。

1)常见的数学方面的困难:

一是,数学准备知识不够;

二是,没有运用数学知识解决物理问题的习惯,不会正确地运用数学解决物理问题。

2)物理方面的困难:

一是,学生往往只是形式上记住了物理公式而没有真正理解公式的物理意义;

二是,没有掌握题目中包含的物理过程和物理图景。

(4)作图题。

此类习题要求作图解答。首先根据题设条件,选择一定的标度,作出相应的图线,再量出线段的长度,就确定了所求量的数值。它有利于学生把物理图像和空间图像结合起来,以提高学生的形象思维能力。

(5)实验题。

实验题对于培养学生的观察、实验能力和分析问题的能力都有重要的作用。它有利于培养学生手脑并用、理论联系实际的学习习惯,对于研究型实验题还可以培养学生的创新能力。

(6)综合题。

综合题是一种比较复杂的计算题,它涉及多个定律或公式,且通常涉及多个物理过程。此类问题解决从题目的已知条件出发,按照已知条件寻求各量跟某些中间量、已知量与待求量之间的关系,直到全部找出这些关系。这类题型对于培养学生分析、综合和灵活运用知识的能力以及发展学生思维能力,都具有较好的作用。

3.物理问题的选择

应依据教学的需要、教学的原则以及练习的目的来进行选择问题,而且所选择的问题特别是物理习题课的问题应具有以下六个特性。

(1)典型性。

从发展学生智能的需要出发,典型性的问题应能反映重点概念和规律的本质及其特征。在保证基础知识覆盖率和重点知识重复率的前提下,适当控制题目的数量和难度,可采用一题多变的办法逐步引申,并避免过于繁杂的数学计算。

需要注意的是,要求对各种类型的题目进行严格筛选。选取的问题应能反映分析和处理物理问题的一般方法,问题本身不宜过多过繁。

(2)多样性和灵活性。

由于不同的问题可侧重培养学生不同的能力,因此教学中不能只偏重于一种形式的物理问题,而应适当编排多种形式的问题,既要有定量计算的,也要有定性解释的,以促进学生全面发展。

另外,还应设计灵活多变的练习,尽量一题多变、一题多解。这样有利于训练学生思维的开阔性和灵活性,并能提高教学效率、减轻学生负担。

(3)针对性。

一般要求物理问题应具有明确的目的性,应当有计划地教给学生正确的解题思路和基本程序。所选的物理问题还应教给学生分析、处理问题的基本方法和解决某些问题的一些特殊方法,培养学生能力和提高学生智力品质,教给学生排难纠误和知识综合运用的方法。

从知识的角度出发,所选择物理问题的深浅程度,要能针对课程、教材和学生的知识和能力实际情况,尤其是要针对学生学习的薄弱环节或在解答时容易产生的错误和障碍的学习习惯。

(4)启发性。

从培养学生的思维能力出发,要注意同时培养学生的定式思维及变式思维,为培养创造性思维奠定基础,使学生能够从内容和方法上都有所启发。只有这样,学生在各方面的能力才会有整体性提高。

(5)生活性和时代性。

所选择的物理问题一方面应该与学生的现实生活、生活经验联系起来,让学生用所学的物理知识去解释生活中的一些物理现象。另一方面还应密切联系现代科技发展的新成果,激发学生学习物理的兴趣,了解物理知识在科技发展中的作用。

(6)实际性。

从实际问题出发,问题的选择要注意把理想化模型同实际问题密切联系、理想化过程与实际物理过程有机结合。这样,物理问题才更有实际意义。

4.物理习题教学程序

物理习题教学是在新课教学之后,为使学生的物理知识与技能得到巩固、深化和灵活运用的教学过程,是保障学生学习过程完整化的不可或缺的教学阶段。但是,在应试教育中,习题教学已经演变成对学生进行机械的强化训练的手段,这严重降低了习题教学的效果和影响了学生的身心发展。因此,探求新课程下习题教学的育人功能、教学方式以及新的习题类型,势必成为物理教学研究与实践的重要课题。

通常,习题课教学一般按下列程序进行:(1)复习旧知识;(2)教师示范举例或组织学生讨论;(3)学生练习;(4)作业评讲。

5.物理习题课的要求

(1)努力创新、联系生活实际。

物理问题的编制和选取还要尽量贴近学生学习生活与社会生活实际,主动将那些常见的、有较强启发性和应用性的生活现象与物理知识融入高中物理习题教学中。应该把物理问题解决教学与现代物理知识、科技发展前沿、最新科技成果联系起来,跟上社会的发展脚步,体现时代性,促进学生关注物理学知识的应用所带来的社会问题。

借助信息技术可以扩大课堂的信息量,反映物理原理对自然现象、科学技术和社会生活中物理问题的科学解释,反映物理知识在生活中的广泛应用,促进学生把所学到的物理知识与在周围环境中得到的感性认识相联系,加深其对物理知识的理解,提高学生的科学素养以及应用物理知识的能力。

此外,物理教学中为了解决问题的方便,常常把实际生活中的物理对象理想化、抽象化,如一辆车、一个木块、一个球等,一般都理想地抽象为质点来处理。然而如果是"一辆乘坐5人的大众牌轿车"或者是"一位同学的自行车",那么显然比"一辆车"更贴近学生的生活。与传统的那种子弹打木块、木块在小车上运动等之类的题目相比较,问题生活化既有利于培养学生的抽象思维能力,又能够增强物理问题解决教学的实用性、趣味性。

选择恰当的问题是物理问题教学的首要环节,问题的质量是决定问题教学质量的最重要因素,在选择物理问题时应精心选编。

(2)进行解题指导。

物理问题的类型很多,每种类型都有一定的思路和方法,我们既要训练学生解决问题的思路和方法,又要使学生按照一定的步骤规范解决。若不注意训练学生解决问题的思路和方法,则学生可能出现不熟悉解题规范、未经充分分析题意就急于解答、不复核算出的结果等问题。

在运用概念和规律解决问题时,最重要的起始环节就是确定研究对象。当所要解决的问题与研究对象有直接联系时,确定它比较容易,否则需要通过转换研究对象来求解。若找不到合适的替换方案,思维过程就会出现障碍。因此,在教学中,要注意培养学生善于寻找替换方案、及时扫除思维障碍的学习习惯。

6.物理习题创新设计方法

(1)物理信息题的编拟。

新课标要求学生必须具备搜集信息、加工处理信息的能力。近年高考物理试题或高考理科综合能力测试题中也都有不少信息题,这类题对于学生综合能力的考查起到很好的作用。

在实际的教学中,广泛搜集信息进行信息题编拟的方式有以下几种。

1)充分利用物理学历史

物理学史中有大量的信息可供我们编拟试题选用,这类习题既有助于培养学生的科学态度和科学精神,又有助于帮助学生认识物理知识的形成过程,发展学生的学习能力。

2)注意科技发展的最新成果

科技发展的最新成果最能体现物理知识的应用价值,把这些科技成果与中学物理知识建立联系,设计问题,既有助于培养学生运用物理知识解决实际问题的能力,又有助于培养学生学以致用的良好学习习惯。

3)关注国内外大事

从电视、报纸、网络中搜集到相关的详细内容后,进行提炼、加工,然后与高中物理中的主干知识建立联系,从不同角度、不同层面设计问题。这些问题培养学生的处理信息、运用物理知识解决实际问题的能力。

(2)设计开放性问题的基本方法。

随着教育观念的转变,人们对有利于促进学生思维开放和能力提高的开放性问题的讨论和研究逐渐重视起来。所谓开放性问题,是指客观表现为答案情况有分叉、有开口,或至少是答案的可能情况不确定、不唯一的问题。在课堂教学中设计好开放性问题,可以使学生的思维活动有充分自由的空间,有助于学生思维的开放,并提高学生的科学素养和培养学生的创造性思维能力。

在物理习题教学中常用到的设计开放性问题的基本方法有以下三个。

1)条件开放型问题的设计。

教师在教学中可以就某一物理问题的信息源为扩散点,多角度地创设情境和开放条件,引导学生变换思维触角,进行多途径、多方位的思考,使得多个知识点能在具体的物理问题中互相沟通和综合。

2)策略开放型问题的设计。

物理问题往往具有多种不同的解答方法,这为策略开放型问题的设计提供了广泛的素材。启发和鼓励学生进行求异思维,引导学生从不同的角度和途径去分析和解决问题,并通过对同一问题不同的探索思路和解答方法比较分析,以促进学生思维的优化。

3)结论开放型问题的设计。

结论是可以是唯一的,也可以是开放的。在习题教学中,给定问题情景,要求探讨尽可能多的结论,即模糊问题中的所求,可使题目具有开放性。

在教学中,教师也可尝试开放性题目的设计。如学习"远距离输电"时,教师可以给予学生充分的条件,让学生寻找输电线路损失功率的不同形式的表达式,这样可以使学生广开思路,从不同侧面、不同的相互关系中获得不同结构形式的结论,从而实现对知识的融会贯通和灵活运用。

(3)将课本素材联系生活实际。

新课程标准要求培养的能力之一是运用课本知识解决实际问题的能力。学生在习题教学中,应充分利用课本素材进行习题的创新设计,从而达到教材活用和知识活化的目的。

【案例4】"静电除尘"的创新设计。

静电应用很多,但都是依据这样的物理原理:让带电物质微粒在电场力的作用下,奔向并被吸附到电极上。

1.如图6.4所示为静电除尘的原理示意图,A为金属管,B为金属丝,在A、B之间加上高电压,使B附近的空气分子被强电场电离为电子和正离子,电子在向A极运动的过程中被烟气中的煤粉俘获,使煤粉带负电,最终被吸附到A极上,排出的烟就比较清洁了。

有关静电除尘的装置:

①金属管A应接高压电源的正极,金属丝B接负极

②金属管A应接高压电源的负极,金属丝B接正极

③C为烟气的进气口,D为排气口

④D为烟气的进气口,C为排气口

其中正确选项是

A.①③　　B.②④　　C.①④　　D.②③

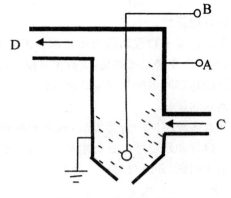

图 6.4　静电除尘图

2.在以煤为燃料的工厂中利用如图 6.4 所示的静电除尘器消除烟气中的煤粉,金属管 A 接到高压电源的正极,悬在管中的金属线 B 接到高压电源的负极。下面说法正确的是:

A.强电场使煤粉电离,带负电的煤粉被吸附到正极 A 上

B.强电场使煤粉电离,带正电的煤粉被吸附到负极 B 上

C.强电场使空气分子电离为电子和正离子,电子奔向正极 A 的过程中遇到烟气中的煤粉,使煤粉带负电,被吸附到正极 A 上

D.强电场使空气分子电离为电子和正离子,正离子奔向负极 B 的过程中遇到烟气中的煤粉,使煤粉带正电,被吸附到负极 B 上

由此可以看出,依据课本中的素材和原理,从不同的角度设问,既能考查学生对知识的活学活用,又充分地体现了物理习题联系实际的特点。

(4)物理 STS 试题的设计

STS(Science Technology Society)教育是以科学、技术、社会的相互关系为侧重点组织教材,实施教育的科学教育。STS 教育理论的基本特点是:重视科学知识在社会生产和生活中的应用,强调基本理论的实用性和社会价值,强调教学内容要现代化、社会化,注重学生从实际问题出发进行研究学习。面向 21 世纪的中学物理教育,"应以物理学的知识体系为载体,以创新精神和实践能力为重点,以提高学生的科学素质为目标,通过强化物理知识的形成过程和应用过程,认识科学、技术、社会的紧密联系,体验、认识和运用科学研究的过程和方法,进而激发学生学习物理的兴趣。

设计物理 STS 试题方法有以下两种:

1)自然现象与物理知识的结合。

解释自然现象是学习物理必须重视的一个问题。如果能设计出新颖、有趣、独特的有关自然现象的题目,必能使物理学习和自然界更加接近,更加密切。

【案例5】将自然现象与物理知识结合编拟 STS 题示例。

假设地球表面不存在大气层,那么人们观察到日出时刻与实际存在大气的情况相比:

A. 将提前

B. 将延后

C. 在某些地区将提前,在另一些地区将延后

D. 不变

本题用了一个大胆的假设,地球周围无大气层时看日出。本题实质上是考查光线在不均匀介质中发生折射的问题,这样将自然现象与物理知识相结合,培养学生热爱自然、观察自然并且进行合理推理、想象的能力。

2)科学技术与物理知识的结合。

科学技术研究的新成果、新产品、新信息层出不穷。将这些内容设计成有关的物理试题加以介绍,在进行解答时,看到所学的物理知识和科学、技术紧密联系,这有利于学生开阔视野,激发学习物理的兴趣。

【案例6】将科学技术与物理知识结合编拟 STS 题示例。

2003 年 10 月 16 日,我国发射的"神舟五号"载人飞船的载人舱顺利着陆。载人舱在将着陆之前,由于空气阻力作用有一段匀速下落过程,若空气阻力与速度的平方成正比,比例系数为 T,载人舱的质量为 m,则此过程中载人舱的速度为多大?

载人航天工程是庞大而复杂的系统工程,物理学在这项工程中有着广泛的应用。题目用学生非常熟悉的力的平衡知识把"神舟五号"载人飞船着陆时的速度求出来了。用载人航天工程等高科技的有关内容设计物理问题能引起学生的极大兴趣,产生强烈的求知欲望。

二、物理复习课的教学设计

一般来说,学生掌握知识需要经过领会、巩固、应用这三个既相互联系又相互区别的环节。达到这一目标的方法就是复习。复习与习题教学有一定的相似之处,但也有自身的特点。

1. 物理复习课的教学目标

物理复习是指在学生学完相关知识后,指导他们进行知识和方法的整理,进一步理解和掌握知识之间的联系,灵活运用各种方法来提高自己解决物理问题能力的过程。因此,教学目标的定位准确与否,直接影响着复习的效果。

定位偏低,会导致低水平的重复;定位偏高,会增加学生的负担,并可能会打击学生的学习积极性。另外,复习面太广,则面面俱到,面面不到。由此可见,提高复习课的效率关键在于教师对学生知识掌握程度的准确把握。因此,复习课要求做到准确出击、逐个突破,这应是当前阶段制定教学目标的策略。

2.物理复习课的类型

复习是教学的重要环节,通过物理复习能使学生系统整理、巩固深化物理基础知识,熟练掌握物理基本技能,同时进一步培养学生的思维能力、动手能力和分析解决实际问题的能力等。总之,物理复习具有巩固、深化、拓宽、综合、应用的作用。物理复习课的基本类型根据需要可分为平时复习、阶段复习和总复习等;按复习的内容来分,可分为知识型和应用型;按教学方法来分,可分为结构型、重现型、发展型、校正型、专题型等。

(1)结构型复习课。

结构复习课主要是利用纲要图表组织教学过程,引导学生生动地了解到所学知识的生长点、中间的连接点以及知识的延伸点。例如,在物理学中,运动学和动力学是两个较大的知识体系,可以用列表的方式将它们归纳成两个彼此独立的知识系统,而它们的结合点就是物体的加速度,即只要在动力学中找到合外力,就可以求出加速度然后就能解决运动学问题。

纲要图表的形式主要有:知识结构图、方框流程图、树干型图、表格等。其中,方框流程图不但能展示要复习的全部知识点,而且还能清楚地反映出各知识点间的相互联系。

结构型复习课的目的是在更大的范围和更高层次上理清知识脉络,揭示纵横知识点的内在联系,培养学生从学科基本结构的高度去掌握规律,思考解决问题的办法,提高学生的学科知识层次。中学生的思维方式在很大程度上还是经验型的,当要求他们运用所学的物理知识揭示生产、生活中的现象时,思维往往混乱不清,解答问题有一定的困难。其中关键的问题是他们知识的条理化、系统化不强,知识零散脉络不清。纲要图表能简明扼要、直观形象地把知识结构正确地呈现出来,帮助学生克服在这方面思维上的困难,培养其形象思维能力,引起思维联想。

(2)专题型复习课。

专题型复习课的教学目标是紧扣教材,突出重点、难点。这种类型复习课在九年级和高中毕业班的复习教学中应用较多,教学效果较为显著。

专题型复习课的主要教学环节有:

其一,精选例题,设疑导学;

其二,辨易解难,综合启发;

其三,理清脉络,释疑巩固。

(3)校正型复习课。

校正型复习课是以查找和分析在知识掌握和技能操作中存在的缺陷,及时反馈矫正为目的的复习课,一般是在学生作业后或考试后进行的。需要注意的是,教师在教学过程中仅仅起引导作用,帮助学生找到错误的原因和改正错误的方法。

校正型复习课的教学过程中其主要教学环节有:①提出问题、创设情境;②组织讨论、深入诱导;③理清思路、拨乱反正。

(4)重现型复习课。

重现型复习课的目的是通过重现问题情境,唤起回忆,促使已经遗忘的知识重现。教师应该在深刻理解教材和掌握学生学习情况的基础上设计出新的教学情境,编制出概念性较强的问题让学生思考,并针对学生在理解上有困难、认识上易产生偏差的典型问题进行重点讲解,进行有效的澄清和矫正。

重现型复习课通常采用重现情境、反复辨析、重点讲解、巩固操练四个环节。

(5)发展型复习课。

发展型复习课是以发展学生辨证分析能力、综合运用知识解决问题的能力、横向联系的思维能力和迁移知识的能力等为目标的复习课。发展型复习课是在学生对知识比较熟悉,并掌握一定的知识结构的基础上进行的,每堂课都可以就发展学生的某种能力为主来组织教学。

发展型复习课一般由三个环节组成:

一是由教师介绍解决这类问题的思维方法和解决问题的技巧,展示应用的实例;

二是提供发展型练习题让学生独立思考,然后采用"问题讨论式"教学模式进行集体研究探讨,以学生自觉主动的讨论、质疑、辨析为主;

三是由教师讲评各种观点和做法,总结概括正确的思维方法。

教学时,可采用启发综合式教学。启发的目的就是让学生爱学、会学、学会,使教学过程成为在教师指导下,学生动手、动脑、动笔、动口的探索过程,使学生的学习由被动接受转为主动探索。

3.物理复习课教学的基本要求

(1)精心设计复习方案。

以总复习为例:既要覆盖面广,又要突出重点;既要查漏补缺,又要综合提高。这就要求教师事先一定要做好周密细致的准备工作,制订好复习计划,对复习课做好精心设计。

（2）精选题目。

复习时要避免用烦琐、枯燥无味的内容消耗学生宝贵的时间和精力，要精选题目和内容。复习内容的选定，不应使学生停留在现有发展水平上，而应向最近发展区过渡，即复习的内容要有一定难度，对学生提出较高要求，促进其发展。

（3）突出重点。

复习不应是对所学知识的简单重复，教师要在认真钻研教材、参阅有关资料和充分了解学生的基础上，突出复习的重点和关键，不断地变换表现形式，而不是机械地重复知识。

（4）知识系统化。

在新授课上，物理概念和规律都是一个一个学的，这不利于学生记忆和使知识系统化。通过复习，教师要帮助学生把知识整理成稳定而清晰的结构体系，使知识系统化。

（5）调动积极主动性。

复习课涉及的内容多数是学生学习过的，如何调动学生学习的积极主动性就成为一个重要问题。在复习课的教学中，可以引导学生探究知识的内在联系，充分发挥学生的主观能动性，让学生设计出所复习单元的知识结构图后进行比较，可以让设计有特色的学生到讲台上展示和讲述，教师引导其他同学通过辩论等方式进行评价、补充和完善。

（6）安排适时。

由德国心理学家艾滨浩斯发现的遗忘曲线可知，遗忘的过程是先快后慢，是一种普遍的自然现象。因此，教师应按照遗忘的规律安排复习，即先密后疏。经过多次刺激，新知识在大脑皮层上就能留下较深印迹。

4.物理复习课常用的方法

采用什么样的教学方法进行复习，应该根据教材的内容的特点和学生对知识的掌握情况来确定。要选用讲求实效的复习方法来达到复习教学的目的，以下是物理复习课常用的几种方法：

（1）对比复习法。

对于易混淆的物理概念和物理规律，通过对比，辨析不同概念和规律的特点以及相互联系，搞清容易混淆的地方，从而达到掌握的目的。

（2）组题复习法。

组题复习法要求由教师认真地选择彼此独立而又有联系的题目组成一套练习题，它大体上能覆盖本章节中的物理概念和规律，在引导学生解答这组习题的过程中，有意识地复习并突出有关概念和规律。

(3)归类复习法。

将所学内容按知识的性质来划分,同一类的知识归并在一起进行复习。例如功和功率,将机械功、电功及其功率纳入一起复习,此法可用于专题复习。

(4)复现复习法。

对于重点章节内容的复习可以采用复现复习法,教师引导学生回忆思考某教学单元的主要内容。随着复习回忆,教师和学生共同完成主要内容的总结。应用这种复习方法,使用多媒体教学,通常能获得较好的教学效果。

(5)实验复习法。

根据中学生的心理特点,设计恰当的实验不仅能有效地引导学生复习有关的物理知识,有利于激发学生的学习兴趣,并且还能进一步训练学生观察和实验的能力,让学生在亲自观察实验的基础上回忆、领会和验证学过的内容,并获得深刻的印象。

作为物理教学重要内容的实验知识、技能本身也需要复习,这就必须采用实验复习法,教师可以适当引导学生设计一些小探究实验来验证所学过的知识。

(6)提纲列表复习法。

提纲列表复习法是把主要教学内容编制成提纲或列表,指导学生按提纲或列表内容进行复习,为此需要教会学生如何对知识进行正确的划分和归类。

知识的划分与归类也应该具有一定的逻辑性,逻辑划分必须遵循这样的规则:

1)按同一依据划分;

2)子项的外延总和必须等于母项的外延总和;

3)子项必须互相排斥;

4)四是不能越级划分。

(7)知识结构复习法。

以知识结构理论为指导,通过复习使学生掌握所学内容的基本结构。

最后,复习方法和形式应该是多种多样的,它们各有所长、各有所适。应该根据教学内容和学生的情况选择适宜的方法,并且在多数情况下应交替使用各种行之有效的方法。

第七章　中学物理教学测量与评价

在物理教学过程中,如何诊断学生的学习困难,确定学生达到教学目标的程度和能力发展的状况,对学生进行横向比较,帮助教师对自己的教学过程进行有效的监控,并提出指导性建议,以达到最优化的教学效果,同时促进教师专业的成长和发展等,都可以通过教学测量与评价手段在很大程度上得到解决。本章主要研究物理教学测量与评价的特点与方法及其物理学业成就的评价。

第一节　物理教学测量

测量的前提和基础在于任何事物和现象都在不同程度上存在差异。人们认识事物,研究并精确把握其属性,没有对事物量的认识,即离开数量化的描述也是不可能的。依据一划规则,对事物属性进行量的测定,即通常所说的测量。

测量的最基本特征是将事物及其属性进行程度或数量上差异的区分。这种区分的过程必须按照一定的法则进行,区分的结果必须能够用数学的方式进行描写。因此,测量可以较严格地定义为:依据一定的法则,对事物及其属性利用数字或符号进行量的确定过程。

一、测量要素和条件

任何一个测量都包括三个要素,即:①事物及其属性;②法则;③数字或符号。事物及其属性是测量的对象或目标。法则是指引我们如何测量的准则和方法,即在测量时,给事物及其属性指派数字的依据。依据法则可以制成各种量具。法则的好坏,直接影响测量的结果。因而,法则是测量概念中最重要的要素。数字或符号仅代表某一事物或事物的某一属性,但只有当我们赋予它意义时,在一定条件下,它才具有量的特性。并且数字系统本身具有一些特性,如区分性、序列性、等距性和可加性。但数字所代表事物的某一属性不一定具有同样的性质。制订法则时,一定要明确指出如何指派数字于事物以及所采用的数字具有什么特性。

任何测量必须满足等值单位、参照点和量表三个条件。

等值单位是对量具的基本要求。一方面,单位要具有确定的意义,即对同一单位,所有人的理解都相同,不允许有不同的解释;另一方面,单位的距离要等值,通常教育与心理测量的单位都不是绝对等值的。

对同一事物同一属性或不同事物同一属性的测量,若参照点不同,测量的结果也就不同,测量的结果也就无法比较。参照点分为绝对零点和相对零点,后者是人为确定的。在教育测量中的参照点一般都是相对零点。在相对零点的量具上的数值只能表示差异的大小,不能以"倍数"的方式解释。

测量某种事物总需要先有一个具有单位和参照点的连续体,用以确定该事物的数量,这一连续体就叫量表。教学测量常用的量表或量具多以文字试题的形式出现,也有以图形、符号、操作要求的形式出现的情况。

根据测量的一般概念,我们可把物理教学测量定义为:根据一定的客观标准运用各种手段和统计方法,对物理教学领域内的事物或现象进行严格考核,并依一定的规则对考核结果予以数量化描述的过程。它是进行统计分析的依据,也是进行教学评价的基础。同时,测量的结果只有通过评价环节才能获得实际的意义。

二、物理教学测量的特点

物理测量的特点同时也是教学测量的特点。教学测量不同于一般的物质测量,它具有自身的特点。

1. 目的性

教学测量是一种具有明确目的的测量。整个测量过程包括内容、难度、程序和方法等方面都要符合测量的目的,都要以课程标准和教材内容为依据来制定。

2. 随机性

教学测量的随机性在于测试项目抽样的随机性。就一次测量而言,往往存在很多测试点,围绕这些测试点,会有大量可供选择的测试项目,都能从不同侧面测试学生的程度或水平,而一次测试只能选择全部测试项目中的一部分。在教学测量中,同一测量不可能在同一时期连续多次地进行,因而教学测量存在着不可避免的随机误差。

3.间接性

学生的记忆能力、推理能力等,到目前为止都无法进行直接测量。教学测量得以进行,在于依据对欲测量对象的明确的操作定义,如学习能力、学业成绩等,并借助于一组测验项目引起教学活动中教师和学生的行为,然后测量这些外显行为或外在表现特征,从而推断人的知识、智能和人格特征等方面的不同程度,达到测量的目的。所以,我们只能根据这些外显行为或外在表现特征对教师的教学工作的成效和学生学习的质量做出推断。这就反映了教学测量的间接性。

另外,测量只是就这些外显行为取一组样本,不可能是研究其全部,尤其当行为样本对所要研究的行为表现缺乏足够代表性时,会导致较大的系统误差。教学测量的系统误差是难以消除的。

4.相对性

教学测量的相对性是指测量结果的相对性,如一个学生在一次测验中的得分只是相对于该次测验才有意义,该学生的程度水平也只有放在被测试者的群体中才能确定高低。并且,教学测量的结果若不经转化或转换,只能提供一种顺序关系。在教学测量中,测验分数的零点往往不是从绝对零点开始,即测量的参照点是相对零点。这一点与物质测量结果的绝对意义有很大不同。一般教师的自编测验中,所得到的结果只是一个相对量数,不等距,因此,不能直接进行加减运算。

三、物理教学测量的方法

测量不同的内容采用的测量方法是不同的。教学测量中常用的方法有观察法、调查法和测验法等,同时这些方法也是物理教学测量中常用的方法。

(一)观察法

观察法是在某种条件下,以观察学生的特定行为表现为目标的测量方法。它常应用于难以用纸笔测量的领域,如态度、兴趣、习惯、操作及技巧等方面。观察法常用的评定工具是制定观察评定量表。制定此表的要求是:将学生在活动中预期的行为表现或学习结果,用具体统一而明确可测的操作性语言加以表述,以此为标准判断学生在活动中的等级水平。

在使用评定量表时,要尽量防止和避免个人偏见、逻辑错误等现象的发生,以提高评定的一致性和客观性。

(二)测验法

测验法是指通过选取具有代表性的一组试题对学生施测,然后根据解答的过程和结果获得可靠的成绩评定的一种方法。测验的实施程序主要包括考查目标的确定、试卷的编制、施测、评分和分数的解释等,这里主要对试卷的编制过程做简要说明。

编制试卷的一般步骤如下。

1.确定目的

测验要明确是属于目标参照测验还是常模参照测验,是形成性测验还是诊断性测验。否则可能达不到测验的预期目的,即测验的测量目标与方法以及结果的解释,不能与需要达到的测验目标相一致。

2.确定目标

确定测验的目标也就是为达到测验目的的需要,确定应测量什么以及测量到什么程度等具体的测验目标,即要确定测验内容的取样范围和测验的行为目标,要对所测量的内容范围和能力要求做出具体规定。

3.确定试题的形式

试题的形式有客观型试题和主观型试题。一个完整的物理测验,应当包括多种形式的试题,以全面考查学生的认知行为和能力。

4.制订命题计划

命题计划是指试题编制、试卷组成方式的计划。应根据测验的目的和目标制订命题计划,以科学合理地进行测验。

命题计划应包括两部分内容:

一是试题和试卷的编制原则和要求。具体说明考试的目标和内容范围、考试方法和试题类型、编制试题和组配试卷的要求等。

二是试卷中试题分布规定。具体规定出测验内容中各部分的试题数量和所占分值比例,常常以命题双向细目表的形式给出。

制订命题计划可以保证试题是教材内容的代表性样本,且能反映各部分教材的相对重要性,以便使试题取样适当,提高测验的效度和信度。另外,由于规定了各种知识层次、不同能力试题的分配比例,制订命题计划可以使试卷具有合理的难度和区分度提供了依据。

5.编制试题

编制试题的具体依据为:命题双向细目表、编制测验的基本原则和不同题型的具体编制要求。

6.集合成测验试卷

在编排试题时,试卷的格式、试题的排列顺序,要符合一定的要求。试题的难易排列要有层次,先易后难。

试卷一般应有正题、副题以及补考题等,几份试卷要等价平行,互为复本。

7.试做试卷

教师必须亲自或指定其他教师进行试做,对学生能否按规定的考试时间答完全卷做出较准确的估计。

8.编制标准答案和评分标准

标准答案要简明准确,评分标准要客观合理,能使成绩合理反映考生的水平。

(三)教育调查法

教育调查法是在自然条件下,依据一定计划,有目的地对客观事物或现状进行观察、收集、综合所要了解的情况,以取得数据和资料,最后形成调查报告。

教育调查的基本特征在于着重描述现有事件和现象,在自然条件下收集有关资料。

教育调查不仅可以了解教育现状,掌握有关动态和信息,为教育决策提供依据,它还可以验证某种假设,发现新情况、新问题,提出新见解或新理论。

教育调查的步骤要经过制订调查方案、实施调查和收集数据、整理和分析数据和写出调查报告 4 个阶段。要根据调查的目的、人力、物力和时间等条件来确定调查的范围;根据调查的目的和任务确定调查的对象。调查的范围要清楚,调查的对象要明确,否则会影响调查资料的准确性。

把调查的任务分解成一个个具体的可操作的项目。调查的项目就是调查的纲要,它要求:调查的项目应能充分反映调查的目的;项目的表述要简明清晰,便于在实施中操作;项目的设立还应考虑到调查后便于归纳、统计和分析等。

此外,还要考虑调查的组织工作,以取得调查的最佳效果。教育调查的基本方法有问卷法、表格法、个案调查法和谈话法。

问卷法是把所要调查的问题或事项列在"卷"上,要求被调查者以书面的形式回答,从而获得所要了解的情况,并取得资料和数据的一种调查方法。问卷的内容可分为:①调查事实的问卷;②调查对事物的意见、倾向及评判的问卷；③调查情感、态度的问卷等。

表格法是根据调查的目的，事先设计好调查表格，让被调查对象按要求填写的一种调查方法。

个案调查法是教师针对某些在学习上和行为上有突出问题的学生，为深入了解整个问题的情况、原因及发展等，广泛地收集有关资料，以做出整体性的诊断、解释与诊疗而采用的调查方法。收集的资料要全面而详细；对个案调查结果的解释与处理要客观合理。

谈话法是通过面对面交谈的方式调查有关问题。利用谈话法，可以调查思想、兴趣、态度、品德等内心活动的问题，也可以了解学生掌握知识时的认知特点、思维状况、推理过程以及学习中的困难及原因。但是，此法对谈话结果的分析易受个人主观偏见的影响。

四、物理教学目标的测量

教学目标是预期学生通过学习后在知识、解决问题能力、态度和价值观等方面的发展变化，即加涅所称的学习结果。

(一)题型分类与比较

对学生学习结果的测试主要是通过学生完成特定的测试题实现的，常见的试题题型有如下分类：

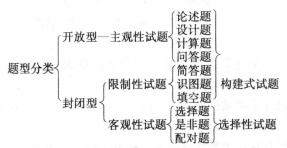

主观性试题的答案完全由答题者给出，命题者一般提供参考的解答要点，因而评分时受评分者主观因素的影响较大，此类题型亦称为论文式试题或开放型试题。

客观性试题则相反，答案的范围已被明确给出，答题者只需从中做出选择，不同的评分者可以得出完全相同的评分结果，评分极具客观性。

限制性试题答案虽未给出，但题目有较明确的限定，其评分的客观性依具体试题编制方法而定，但不论怎样，其评分的一致性应是介于客观性试题与主观性试题之间。

题型还可分为构建式和选择式两大类。构建式就是要求学生自己组织语言来回答问题;选择式就是学生从题目已给出的几个答案中选择出正确的答案。这也是一种很有意义的分类。

由于不同的题型提供的信息线索不一样,线索多,解决的难度自然就小一些,因此即便是对同一知识、层次的测试,教师也可以通过选择不同的题型来变化测试的难度。

(二)学习结果的测量

在测量时,凡是测验情境与原先的学习情境相同,或只有细微的改变,这样的测验所测量的是回忆知识的能力。如果测验的情境与原先学习时的情境发生程度不同的变化,那么所测量的是高低层次不同的智慧能力。变化程度小的测验情境,所测量的是领会和运用能力;变化程度高的测验情境所测量的是分析、综合和评价能力。

1.事实性知识的测量

事实性知识学习的结果要求学生经过事实性知识的学习后可以陈述事实性知识的内容或者说再现知识的内容。再现知识内容一般采用填空、选择方式进行测试。

2.概念和规律的测量

概念和定理的学习有机械学习和意义学习两种情况。机械学习后,学生能够按原文呈现的方式陈述知识的内容。意义学习后,学生能够用自己的语言陈述知识的内容,并能够自己举出符合概念、定理的例证,布卢姆称此行为达到了领会层次,并给出三种领会的外显行为:

解释:所谓解释实际是学生能够用自己的语言来陈述概念、定理的意义,而不拘泥于原文的呈现方式。

推断:根据交流中描述的条件,在超出既定资料之外的情况下延伸各种趋向或趋势。

转换:将材料从一种形式变成另一种等价的表达方式,包括将文字转化为图表、图表转化为文字、变化文字表达方式等。

3.概念和规律运用的测量

学习概念和规律后,学生可以解决一些主要运用特定的概念和规律就可以解决的问题。其测量方式:给出需要解决的问题供学生完成,题型可以是选择、填空、计算等。

4.系统化知识的测量

学生习得系统化的知识系统,以图式、命题网络等形式存储。可以让学生陈述哪些知识点间存在有关系和有什么关系,以达到测量系统知识的目的。

5.复杂习题解决

物理习题需要运用多个物理规律求解,物理习题属于结构良好的问题解决。结构良好的问题解决是指问题的解决有明确的目标、解决步骤,并且解决需要运用多个概念、定理,结合一定解决策略完成。

测试方法可采用综合题形式,采用填空、选择、计算题等均可。教师都非常熟悉这种测量形式,在此不再赘述。

6.认知策略的测量

在一次具体类型的学习活动中,或多或少都要运用认知策略,学生习得具体的学科知识,由于学习过程中又运用策略,因而自发或在教师引导下也会习得策略。

策略的学习一般也有三个层次结果:

其一,学生知道并能够回答所使用的策略,即识记;

其二,学生理解该策略使用的条件和场合,即领会;

其三,学生能够在解决一定问题时运用,即运用。

7.对态度及科学精神的考查

态度有三个成分,学习者能够举例陈述态度的认知内容,或能够从自己及他人的行为中辨识出体现的科学精神,表明学习者达到理解层次;如果学习者能够稳定地表现出特定态度或科学精神要求的行为,说明学习者达到性格化阶段。

显然纸笔考试中,对态度的考查,一般只能要求学生回答特定态度的认知内容和相应行为,即"理解"层次。

第二节　物理教学评价

教学评价始终对整个物理教育的发展方向以及物理教育改革的成败起着关键作用,是促进物理教育不断发展的动力机制之一。在大力推进素质教育的今天,物理教学评价的内容、形式、手段和方法也必将发生相应的变革。建立促进学生全面发展、教师教学水平不断提高、课程不断完善的评价体系,是我国新课程改革面临的一个重大课题。

一、物理教学评价的功能与特点

(一)物理教学评价的功能

物理教学评价是帮助人们获得信息,并在分析数据的基础上,进行有效决策的工具。物理教学评价的功能是多方面的,概括起来主要表现在以下几点。

1.反馈功能

教育的基本环节是教与学目的、教材、教法和效果。以检查成效为主要目标的教学评价,在上述教学环节中起着最后把关的作用,而且教学评价还会对各个环节进行信息反馈,因而可使教学评价在各个环节上具有调控的功能,因而使得教学工作始终处于优化状态。

2.评定功能

在学校教育中,评价不仅能检查和评定学生的学习成绩,而且还可以对教学方法的优劣、教学效果的好坏、课程、教材质量的高低给予评定。

3.诊断功能

对学习上有困难的学生实施诊断性测量评价,可以及时了解这些学生在学习上的困难及原因,以便采取有针对性的补救措施以及提供特殊的帮助和指导。

4.鉴定功能

教学的目的在于促进学生行为的完善,具有教育、教养和发展等作用。但根据教育目标,通过教学过程,教育对象究竟发生了什么变化、效果如何,就要对教学的结果进行测量和评价,以确定教学方案是否成功、教学目标是否达到以及达到的程度等。并通过评价对学校工作做出鉴定,对教材的优劣做出鉴定,对学生的成绩、毕业生的水平做出鉴定。

5.导向功能

教学评价主要通过制定评价指标、考试目标和编制测试工具的内容以及测量结果的解释和使用影响办学的方向、办学的思想等。

6.激励和强化功能

通过教学评价帮助教师了解到自己的成就与缺陷、成功与失败,从而激励教师的社会责任感,激发教师的内在需要和动力,增强工作的热情,提高教师改进教学的积极性和自觉性。考试可以促使学生对学过的知识进行全面系统的复习,巩固学习成果,促进知识的迁移,提高学习的效果。通过考试,学生可以看到自己学业成绩的进步,提高学习的兴趣,增强学习的信心,深化学习的动机。

7.教育研究功能

教学评价是教育研究的基本工具。对于各级各类学校的学制、课程的设置、各种不同的教学方法效果如何、教育改革中任何一种新理论或方法的价值优劣、完整的教育管理系统的建立都必须借助于测量评价方法进行深入研究。

(二)物理教学评价的特点

新课程倡导的评价理念具有以下主要特点。

1.全面性

现代教育评价一方面要求关注学生的全面发展,应全面、全员和全程采集和利用与学生各种素质培养及各种技能发展有关的评价信息,全面地反映学生学习的动态过程;另一方面要求全方位地认识评价对学生学习过程的影响和作用,要依据评价内容及学生的个性特点,选择适当的评价方式。另外,评价不仅要由教师通过课堂内外的各种渠道采集学生素质发展的信息,同时要在充分认识评价功能的基础上,把教学过程与评价过程融为一体,最大限度地发挥评价对于教学活动的导向、反馈、诊断、激励等功能。

2.过程性

新课程理念下的教学评价贯穿于教学活动的始终,教师和学生要形成过程性和动态性评价的意识和能力,在教学活动中自觉地开展评价,充分发挥评价在实现课程目标过程中的作用,既要重视阶段性的评价,也要重视学习过程中在知识与技能、过程与方法、情感态度与价值观方面的细微变化,并充分利用评价的激励功能,调动学生的主观能动性。

3.多元性

现代教学评价要求评价主体、评价内容、评价方式等都应是多元化的。

评价主体多元化包括教师评价、学生自评和互评、学生与教师互动评价等。在评价主体上要充分调动不同的评价主体开展评价活动,同时也要尊重每位学生的不同意见,鼓励学生有创见的思想,促进创新精神的形成和发展。

在评价内容的多元化方面:既要关心结果,更要关心过程;要求既要体现共性,更要关心学生的个性;主张重视学生的学习态度的转变、重视学习过程和体验情况、重视方法和技能的掌握、重视学生之间交流与合作、重视动手实践与解决问题的能力等与学生发展相关的全部内容。

教学评价要求采用多种评价方法,包括定性评价与定量评价相结合,智力因素评价与非智力因素评价相结合等。对于诸如掌握知识与技能等可以量化的部分,则应该采用描述性评价、实作评价、档案评价、课堂激励评价等多种方式,以动态的评价替代静态的一次性评价,把期末终结性的测验成绩与日常激励性的描述评语结合在一起。

4. 发展性

发展性是指教学评价要改变传统评价过分强调甄别与选拔的倾向,发挥其促进学生发展的功能。新课程理念下的教学评价倡导对学生学习的各个方面的现状和进步进行档案式的评价,在承认学生发展过程中存在个性差异的同时,倡导既注重评价学生的过去和现在,也重视其将来和发展。

二、物理教学评价的原则

物理教学评价的原则是指开展评价活动必须遵循的基本要求。

1. 目的性原则

目的性原则是指开展教学评价必须明确评价目的,即明确评价的方向。教学评价是一种目的性极强的活动,在评价活动中,对教学对象进行价值判断的主要依据就是教育目的。而开展评价活动根本目的是提高教学质量,使教学活动达到预定目标。所以,强调评价目的正确性和明确性,不仅因为它是决定评价内容与标准的重要依据,还因为它还是决定评价效果和教学活动方向的重要因素。

2. 可行性原则

任何评价方案除了要注意科学性、有效性之外,更要考虑它的可行性。如果评价体系过于庞大,评价指标过于精细,评价标准过于烦琐,这样的评价方案在实践中会被抛弃。因此,有时我们宁愿牺牲评价的严密性,也要保证它的可行性。但这并不意味着我们可以不要任何框架,把严肃、科学的教学评价蜕变为粗糙的随心所欲的空谈。问题在于要找到科学性、有效性与可行性的最佳结合点,使教学评价既有质量,又容易操作,能被广大教师、学生和其他人员所接受。

3. 指导性原则

指导性原则是指评价应与指导紧密结合,以保证评价目的最终实现。一般情况,应将评价结果及时反馈给评价对象,并对其进行有效指导,帮助他们不断调节自己的行为。原则上,有什么问题的评价,就应有什么问题的指导,否则评价工作就失去了它存在的意义和价值。

把指导作为实现教学目的的关键环节对待,使评价与指导紧密结合,形成一个评价、指导、改进三者循环往复、不断发展的过程。这样才能使教学活动不断接近教学目标。

4.全面性原则

课堂教学过程是一个多要素、多变量交互组合作用的复杂系统。它牵涉到教师、学生、教材、目标、环境、手段、时间、空间等诸多要素。我们在开展课堂教学评价时要考虑周到,也许不能对所有要素都进行评价,但几个主要的要素必须全面考虑。

5.客观性原则

评价、判断时,只能依据客观事实,而绝不能凭主观印象。同时评价方法必须具有客观性和科学性。搜集信息、处理信息都采用客观方法,尽量减少评价过程中的主观随意性。

6.一致性原则

一致性原则是指在进行一次评价或同类评价中,要用一致的标准。

评价时遵循一致性原则,才能区分评价对象的好坏和优劣,使被评者知道自己在评价群体中的位置,从而发扬长处、弥补不足、激励自己、积极向上。

三、物理教学评价的过程

物理教学评价的过程与一般教学评价的过程相同。而一般教学评价的过程随评价理论的不同而不同,下面介绍的是目标到达度的基本评价过程。

1.确定对象

主要解决评价的客体是什么或评价的领域是什么的问题。例如,评价的对象在学校范围内,主要是指学生学习成绩、学生能力水平、教师授课质量、学校领导班子与办学思想等。

2.设计指标体系

狭义的指标体系是指关于被评价对象的全部因素的集合。设计评价指标体系,就是规定评价哪些因素、不评价哪些因素,将评价所依据的目标具体化、可操作化。广义的指标体系不仅包含各项指标的集合,而且还包括各项指标的权重系数的集合以及各项指标的描述和测量的方法。

因此,在实施评价之前,评价者不仅要将评价所依据的目标加以具体化、可操作化,而且要规定好各项指标的权重系数以及各项指标的描述和测量方法的选用,即评定工具的选用。

3.收集资料

选用效度和信度高的评价工具收集一切与评价有关的资料。例如,谈话、问卷、测验、评定量表等方法均可获得评价所需的资料。

4.处理评定资料

在评价过程中,评价者首先是对各个单项指标进行评价的,如果所使用的评价工具是常模参照测验,则可运用常模表找出与原始分数相应的量表分数。如果被评价的指标是模糊的,可用模糊综合评判法来求得综合分数。如果所使用的评价工具不止一个,而是几个,每种工具所测量的数值参照点相同、单位相等,则可用加权平均方法求其平均分数。

评定资料的处理不仅有数据综合问题,有时还有数据之间相关分析,显著性检验的问题,可以运用统计方法来解决。从多个因素中找出主要因素,可用多元分析的方法。

5.做出结论

将评价做出结论是指形成综合判断和分析诊断问题。综合判断是指从整体上对评价对象做出定量或定性的综合意见。基于教学评价的目的,我们不仅要在评价的结果处理上做出综合评判,而且更重要的是分析问题、诊断问题和提出改进教学的措施,以促进被评对象教学状况的改善。

根据斯塔克的表象模型评价过程的程序为:

1)描述一个方案;

2)向有关听取人作说明报告;

3)获得并分析评价听取人的看法;

4)再向听取人报告分析后的看法。

大多数的学者认为,评价不能仅限于收集和分析资料的机械活动,而应该包括为什么要评价以及在评价结束之时报告每次评价的结果。

四、物理教学评价的方法

(一)物理教学评价的一般方法

物理教学评价中对学生的评价,主要有观察法、实践活动、测试法、个人成长记录等方法。

1.观察法

观察法是以观察学生的某种行为表现,如实地做出记录,由此判断学生达到某种等级水平的方法。由于人的注意力范围有限,一个人不可能同时观察到许多学生在一种活动中的所有行为表现,因此,只能逐个地对学生在一种或多种活动中的行为表现,分别做好记录。

2.实践活动评价

实践活动包括科学探究、实验、调查、科技制作、问题研讨、演讲表演、角色扮演等。实践活动评价指对学生在实践活动过程中的表现和成果做出评价,可以通过多种方法进行,如观察、记录和分析学生在活动过程中的参与意识、合作精神、表达交流、实验操作等。

实践活动评价主体要体现多元化,提倡采用个人、小组和班级等的组织形式。实践活动评价既可以在学习过程中进行,也可以在学习结束后进行。

3.测试法

测验法是通过选择具有代表性的一组试题,对学生施测,然后根据解答结果评定分数、确定等级水平的方法。测验是获取评价证据的最常用的一种手段,试卷是测验的工具。

(1)目标参照测验。

目标参照测验,又称为达标测验或资格测验。是以课程标准中规定的教学目标作为参照物。它用以检查学生达到教学目标的程度,即检查学生是否达标和达标的程度。

目标参照测验的分数分布曲线,可以呈正态分布,但与最大百分比人数相对应的分数并不一定等于平均分数;也可以呈偏态分布,即多数学生的成绩都集中在分数高的一侧或分数低的一侧,如图7.1所示。

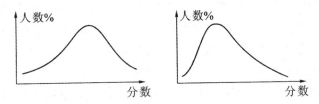

图 7.1　目标参照测验的分数分布曲线

(2)常模参照测验。

常模是指在一次测验中所得的平均水平。常模参照测验是以学生团体中的平均分数作为参照物。常模参照测验用于学生之间的相互比较,检查学生在团体中所处的相对位置。为了分班、分组进行的测验、物理竞赛测验、升学考试等都是常模参照测验。

常模参照测验的分数分布曲线应呈正态分布,即得分在平均分数附近的百分比人数最大,高分和低分两端的百分比人数越来越少,如图7.2。

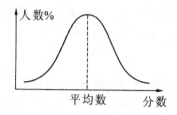

图7.2 常模参照测验的分数分布曲线

常模参照测验的试题要求有一定的难度和区分度。难度指每个试题的难易程度,一般用全体考生在该题目上所得的平均分数与该题目的满分之比来表示。难度值越大,表示该试题越容易。区分度是指每个试题对考生的水平的区分程度。区分度有多种计算方法,区分度的值越大,表示该试题的区分能力越强。

4.个人成长记录

由学生本人、家长、教师记录学生物理学习活动的成长经历,包括学习内容、学习成绩、各种实践活动过程、学习体会、学习成果以及家长、教师的期望等,发展地、综合地对学生做出评价。

无论采取什么方法,都应关注学生科学素养的全面发展,尽可能真实地反映学生科学素养的全貌,有利于学生主动参与、积极探究、动手动脑,反对死记硬背、机械训练。并有利于培养学生学习物理的自信心和兴趣,评价的要求应适合学生的发展水平。

应多采用创设具体生动的情境和鼓励表扬等积极的评价方式来肯定学生的学习进步。注重学习过程的评价,力求对学生科学素养的原有基础、学习探究过程、学习结果和长期效应等作全程性的评价,注意定性评价与定量评价相结合、过程性评价与终结性评价相结合。

评价过程应包括明确对学生学习的期望、收集并分析学生的表现和确定促进学生学习的三个关键因素。要把评价结果以书面或口头的方法及时地反馈给学生,并要告诉学生学习的优势与不足,提出激励学生进一步达到目标的建议。

(二)档案袋评定法

档案袋评定法为物理教学的一种质性评价方法,它所选择或提交的东西,是由出示档案袋的人自己创作的。档案袋评定法应用到教育教学的评价领域也是汇集学生作品的样本,但它们的目的和内容,是为了展示学生的学习和进步状况。

档案袋制作的进程涵盖了一项任务从起始阶段到完成阶段的整个跨度。档案袋内容的选择或提交通常由学生和教师共同决定,其内容的选择并没有硬性的标准。重要的是必须清楚建立档案袋的目的、档案袋适用的对象、如何使用档案袋、它对学生有什么帮助。

档案袋评定为学生提供了一个学习提高的机会,使学生能够学会自己判断自己的进步。由于要考查的是学生运用所学知识所取得的成就,学生就成为选择档案袋内容的一个决策者甚至主要决策者,从而他们也就拥有了判断自己学习质量和进步的机会。特别是在使用某些档案袋类型如精选性档案袋或过程性档案袋时,学生成了所提交作品的质量和价值的最终仲裁者。因而,在考虑档案袋体系的开发时,允许学生反省和自我评定是极为重要的。当然,这一切都要基于一种评定观念的转变,即对学生成就的评定,是对其进步的连续考查,而不是对学生掌握内容范围的阶段性审核。

(三)物理教学评价的其他方法

1.教学要素评价法

教学要素评价法主要是对课堂教学的目标、内容、过程、原则、方法、手段等要素的处理及教学行为,对教师的课堂教学水平作出评价。

教学要素评价法一般从以下几个方面来评价课堂教学:

1)教学目标的正确性;

2)教学原则、教学方法、教学手段等的针对性;

3)教学内容的科学性、思想性和实践性;

4)教学过程的合理性;

5)教学技能、技巧的独特性。

这五个方面就成了课堂教学评价项目,它们又分解为若干个评价子项目,这样就形成了一个课堂教学评价指标体系。对每个子项目要作出明确的评价标准说明及评定等级说明,以便评价者能有根据地进行评定。

此法能较好地对教师的课堂教学的理念、教学水平、教学能力作出价值判断,适用于学校管理部门对教师课程教学的水平及能力的鉴定和评优。但它忽略了课堂教学主体学生作用,未能关注从学生的学习效果来评价课堂教学质量,也未能突出评价对学生发展的导向与激励功能。

2.概念图评价

传统的测验方法题目简单明了、命题的深度和难度容易掌握、容易批改,但它们一般仅能考查学习者对零散知识的理解和掌握程度,无法检测出学习者的知识结构、知识间的相互关系等。因此,很多研究者对运用概念图进行评价做了比较深入的研究。

概念图是一种由概念节点和连线所组成的一系列概念的结构化表征。概念图中的节点表示某一命题或知识领域内的各概念;连线表示节点概念间的内在逻辑关系;连线上的标注用于说明连线两端的逻辑关系。

一个理想的概念图,概念间具有明确包容关系的层次结构,概念间的内在逻辑关系可以用适当的词或词组标注出来。另外,不同层级概念间的纵横联系清楚、明确,并形成一些交叉点。

纵向联系说明概念间的包容与被包容的关系;横向联系说明处于概念图中同一层级水平的概念间的有意义联系;而交叉关系则说明处于不同层级概念间的联系。

3.专题作业法

专题作业法是以解决实际问题为目的的一种评价方法。

专题作业包括调查报告、研究性学习、实验现场操作、情景测验、问题答辩、小制作、小发明等。例如,调查学校周围噪声污染的情况并挺出防止措施,调查居民的用电情况并提出节约用电的措施,调查当地煤、油、天然气等能源消耗及对环境的影响。

这种评价内容和方法能有效地考查学生的创新精神和实践能力,以及情感态度与价值观等。通过考查学生调查实践的结果,可以看出学生是如何将科学知识、技能、科学素养等因素结合在一起的。

五、物理学业成就的评价

学生学业成就的评价是对学生进行评价的重要方式。在物理教学方面,学业成就的评价是指根据一定的标准对学生的物理学习过程和结果进行价值判断的活动,即测定或诊断学生是否达到物理教学目标及其达到目标的程度。因此,它是物理教学评价的主要内容,也是评价教学是否有效的重要指标。

(一)评价的基本理念

1.评价的宗旨

评价的宗旨是促进学生的发展。物理学习评价既要关注学生掌握物理知识程度和其理解能力、推理能力、技能的水平,又要关注对过程和方法的理解,还要重视对学生科学态度、情感、价值观形成的评价,而不能过分强调评价的鉴别与选拔功能。

2. 重视自我评价

自我评价的能力是学生在学习中自我反思的重要工具,学生通过反思,明确了他们应学习什么,就会把学习物理的外部期望转化为内在的动力。为了提高学生自我评价的能力,可以让学生经常参与下列评价活动:

(1)根据教师制定的标准和要求来评判自己的一份作业标本。

(2)选择一份自己的探究作业来证明自己对物理概念和规律的理解或者是进行科学探究的能力。

(3)对其他同学的作业提出建设性的意见。

(4)以口头、书面或图解的方式解释如何利用一份作业标本来证明自己的理解力。

3. 重视过程评价

倡导过程评价,淡化等级评价。评价的主要功能是为教师的教和学生的学提供有价值的反馈信息。而有关学生学习效果的信息也只有通过关注学生的学习过程才能获得。

4. 突出真实性评价

真实评价要求评价活动要尽可能接近物理教育的预期效果,同时要求学生把掌握的物理知识和推理能力运用于与现实世界中可能遇到的情况和科学家实际工作的情况很相似的情景。

5. 成绩与表现双重评价

既要评价成绩,又要评价学生参与学习的表现。评价学生的学业成就是要了解学生对知识的理解、推理和应用,因此对学生学业成就评价的重点要集中在对学生来说最重要的科学内容和具有良好结构的知识上。同时也要对学生参与学习机会的情况进行评价。要重视对学生在活动、实验、制作、讨论等方面表现的评价。

学生学习评价的目的是促进学生在知识与技能、过程与方法、情感态度与价值观方面的发展,了解学生发展中的需求,开发他们多方面的潜能,使其看到自己在发展中的长处,增强学习的信心。评价应全面客观地反映教学的真实情况,为改进教学提供真实可靠的依据。

(二)评价的重要内容

1. 对物理知识与技能的评价

对物理知识与技能的评价主要是学生对物理知识的理解力。

没有交流就不可能辨别学生学到些什么和学生如何进行推理,因此交流是理解力的核心要素。

根据对学生课堂活动表现和对其学习成果的分析,可以推断出学生的理解力。活动的类型包括在研究报告、科学讨论问题和进行实验。学生的学习成果包括考试成绩、每天的笔记、撰写的报告、图表、数据等。对于以活动表现和成果为依据的评价来说,交流至关重要。

理解具有不同的角度和不同的深度,显然每个学生对知识的理解存在着角度和理解深度的合理差异,将这种差异性转化为对一个或一组学生理解知识程度的判断是评价过程中所面临的一个挑战。

2. 对科学探究过程的评价

科学探究的重要目标是体验科学探究过程,形成科学探究能力,增进对科学探究的理解。评价的具体内容包括提出问题、猜想和假设、制定计划与设计实验、进行实验与收集证据、分析与论证、评估、交流与合作等七个方面。但对于每一个具体的科学探究活动,可以有重点和有针对性地制定评价标准。

对学生科学探究过程评价要特别注意形成性评价与终结性评价的结合,即不仅要注意学生通过探究过程的学习获得了什么,还要记录学生参加了哪些活动、投入的程度如何、在活动中有什么表现和进步等情况。这为教师推测每个学生对概念和科学探究本质的理解提供了丰富的数据来源。

学生科学推理能力来自学生对自己探究课题理由的说明,来自从所收集事实和证据的模式到结论的推理过程。即学生从自然现象和实际观察中提炼出研究课题的过程,或根据收集的事实和证据得出科学信息的过程。无论从哪一个过程中评价学生的推理能力都可以从下述因素推断出推理的质量,即推理环节之间的联系是否严密、学生是否明确交代了所做的假设以及在多大程度上猜测了、若采用其他假设将产生的后果等。

3. 对科学技术与社会关系认识的评价

此评价要联系实际、创设情景和寻找范例来评价学生对有关科学、技术与社会问题的关注程度、参与决策的意识以及对科学、技术与社会关系的认识。

4. 对科学态度、情感与价值观的评价

此评价主要依据学生在学习的各类活动中的表现来评价学生在情感、科学态度和价值观方面的现状和变化。要注意观察,做出记录,并和过去的记录进行比较。学生也应该在这些方面反思自己的表现和内心体验。

(三)科学探究能力的评价

科学探究是新课标所倡导的一种新的学习方式,因此,如何评价科学探究学习是一个值得研究和探索的问题。

1.评价科学探究学习的理念

科学探究的学习评价必须树立以学生发展为本的新理念,充分发挥导向、激励、反馈等功能,在新的评价技术方法引领下,使评价过程本身成为促进学生学习、体验和发展的过程。

在科学探究学习中,学生是主动的、积极的知识探究者,他们要在教师指导下进行自主的学习活动。评价要依据多元智能理论与建构主义学习理论,即要重视人的主体能动性。

科学探究的主体要更突出自我。基于信息技术的科学探究学习中,学生既是评价的对象又是评价的主体,让学生参与评价,进行自评与互评可以使学生客观地面对自己和其他同学的活动经历,使评价过程本身成为学生学习、体验和发展的过程,成为教师、学生、家长、媒体共同积极参与的立体式交互活动。探究学习的评价最终要靠学生的自我评价,以强化评价的内在激励作用。通过自我评价,学生可以了解自己的优势和弱势,并了解自己学习过程中的发展轨迹,于是能够及时得到修正的反馈和建议,促使其内心世界里成功经验与失败经历取得相互协调。

科学探究的方式突出倡导多样化,简单的书面测验和考试难以适应科学探究学习的评价。探究学习的评价重视学生自评、小组成员间的互评与师生互评相结合,定性评价与定量评价相结合,总结性评价、诊断性评价、形成性评价相结合,档案评价、书面材料评价、学生口头报告、操作评价等相结合,从而全面反映学生探究活动的进步历程。

可见,科学探究学习的评价必须树立"以学生发展为本"的新理念,主要通过学生的自我反思使评价这一开放的持续行为从裁判的角色转变为一位沿途陪伴、激励学生发展的朋友,从而促进学生学习科学的方式和策略发生积极的改变。

2.评价科学探究能力的流程

利用表现性评价学生的科学探究能力的一般流程如下所示:

(1)确定评价目的。

学习过程的评价是为了让学生在现有的基础上谋求实实在在的发展,并形成学生自我认识和自我教育的能力。学习评价目标必须从单一体现选拔、筛选等,转变为创造更适合学生发展的教育,以全面考查学生在学习中的主动性和自控性,了解学生需要,关注个体差异,调动学习热情,发展科研潜能,保护他们的自尊心与自信心,促进每个主体在原有基础上有新的进步与发展。

(2)设计表现性任务。

要根据评定的具体目的,设计出适当的表现性任务,以激发学生相应的活动。科学探究能力的表现性评定任务可以通过以下三个方面来取材设计:

一是,科学课程中的探究性学习内容;

二是,科学实验的内容;

三是,生活中的学习任务。

(3)制定评定细则。

科学探究能力评定细则是一套用来评估学生的科学探究能力的等级标准。制定明确的、可操作性的并且有一定区分度的评定准则,是实施表现性评定所必需的。评价者运用这套评定细则可以比较准确地评定学生在完成科学探究表现性任务中的能力水平。

(4)客观记录探究活动的表现。

除了注意观察的全面性和准确性外,还要客观记录学生在探究活动中的表现。为了方便和准确,一般可以在量表上用核对记录的形式来完成记录。有时也可以对评定等级赋予一定的分值,以便进行数据的统计及分析处理。

(5)评价与交流。

要利用评价与交流使学生了解自身的探究能力,从而促进学生科学探究能力的发展和科学素养的提高。为此,要提倡学生对自己的科学探究能力进行自我评价。

参考文献

[1]封小超,王力邦.物理课程与教学论.北京:科学出版社,2005

[2]李新乡,张军明.物理教学论. 北京:科学出版社,2009

[3]冯杰.中学物理课程与教学论.北京:北京大学出版社,2011

[4]王晶莹.中学物理课程与教学导论.北京:科学出版社,2014

[5]卢巧.物理教学论.成都:四川大学出版社,2010

[6]魏日升,张宪魁.新课程中学物理教材教法与实验.北京:北京师范大学出版社,2006

[7]朱铁成.物理课程与教学论.杭州:浙江大学出版社,2010

[8]阎金铎.中学物理新课程教学概论.北京:北京师范大学出版社,2008

[9]解世雄.物理教学论课程的理论与实践探究——卓越物理教师的理念与操作技能.广州:广东高等教育出版社,2013

[10]闫桂琴.中学物理教学论.北京:北京师范大学出版社,2010

[11]陈刚.物理教学设计.上海:华东师范大学出版社,2009

[12]宋树杰.高中物理新课程理念与教学实践.北京:商务印书馆,2006

[13]田慧生.新课程中的教学观.北京:远方出版社,2003

[14]盛群力等.教学设计.北京:高等教育出版社,2005

[15]黄延基.物理教学论.昆明:云南大学出版社,1996

[16]刘炳升,冯容士.中学物理实验教学与自制教具.上海:上海教育出版社,2000

[17]班华.中学教育学.北京:人民教育出版社,1994

[18]李秉德,李定仁.教学论.北京:人民教育出版社,2001

[19]王较过.物理教学论.西安:陕西师范大学出版社,2003

[20]郭怀中.物理教学论.合肥:安徽师范大学出版社,2011

后　记

传统的物理课程以传授物理知识为主,向学生大量灌输基本理论和规律。随着新一轮物理理论的改革和深化,对物理教学论内容体系提出了更高的要求。现代物理教育观认为,物理教学除了知识的传授和技能的训练外,还应该在加强对学生兴趣的培养、思维方式的拓展、创新思想的挖掘等方面予以高度重视。

在这样的使命下,结合当前基础物理教学课程改革内容,并多方查找和研究近年来的物理教学发展的新理论和新技术,作者精心撰写了本书。

本书主要研究了物理教学中重要的理论、方法与发展。在撰写过程中,作者紧密关注物理教学改革的动态,高度注重理论知识与实践活动相结合,并尽量突出理论教学中方法的可行性、多样性、高效性和创新性。另外,在保证物理教学体系相对完整的前提下,书中内容力求表现出时代性和前沿性。

经过长时间的摸索和积累,作者终于完成此书。在此过程中,作者查阅了大量参考文献,针对不同问题咨询了相应的前辈和同行,仔细观察各种物理教学规律与现象,积极探索物理教学新方法并付诸实践。这一路来,过程伴随着艰难与痛苦,总结前人的经验,汲取精粹,探索研究。正是这份执着与坚持,不仅让作者获得了深刻的感悟,还让作者掌握了更多的教学理论和实践方法。作者也希望这本书能给物理教学研究工作者带来一定的帮助。

在此书完稿之际,作者感慨万千,内心充满了感激之情。首先,在写作的过程中,作者参考和借鉴了大量的相关著作、数据库和网站,在此向这些参考文献作者和数据库商表示由衷的谢意。其次,要感谢领导、同事、朋友和家人,正是有你们大力的关心、支持与帮助,才让作者在最艰难的时候有了坚持下去的勇气。最后,还要感谢出版社的有关领导与工作人员,感谢你们对本书的支持认可以及为了这本书付出的辛勤汗水。

由于作者水平有限,本书虽然经过多次修改,但书中仍有疏漏和不足之处,诚恳地希望得到读者、专家和同仁的批评和指正。